Hopfen

Hopfen

Violette Tanner

Kulinarik – Gesundheit – Wohlbefinden

FONA

Dieses Buch wurde sorgfältig recherchiert. Die Anwendung der Wellness-Rezepte erfolgt auf eigene Verantwortung und ist im Einzelfall sorgfältig abzuwägen. Es ist ratsam, sich über die Dosierung, die möglichen Nebenwirkungen und Kontraindikationen zu informieren. Für allfällige Folgen haftet weder die Autorin noch der Verlag. Bei einer länger andauernden oder schweren Krankheit wenden Sie sich bitte an einen Therapeuten oder an Ihren Arzt.

© 2009 Fona Verlag AG, 5600 Lenzburg
www.fona.ch

Lektorat
Léonie Haefeli-Schmid

Gestaltung Cover (Reihencharakter)
Dora Eichenberger-Hirter, Birrwil

Gestaltung Inhalt
FonaGrafik, Doris Niederberger

Foodbilder
Priska Fuhrer, Oliver Hallberg

Stimmungsbilder
Beat Ernst: Seiten 10, 16, 25, 29, 31;
übrige Bilder: Violette Tanner

Lithos
FonaGrafik

Druck
Druckerei Uhl, Radolfzell

ISBN 978-3-03780-385-1

Herzlichen Dank

… dem Fona Verlag, der mir die Möglichkeit gegeben hat, dieses Buch zu realisieren,

… Brigitte und Markus Reutimann, Unterstammheim,

… Ursel Bühring, Leiterin der Freiburger Heilpflanzenschule (Deutschland); bei ihr konnte ich viel über die verschiedenen Anwendungsgebiete der Heilpflanzen erfahren und mich in einer Projektarbeit mit dem Hopfen auseinandersetzen,

… den Fotografen Priska Fuhrer und Oliver Hallberg, die mit großer Sorgfalt und Liebe zum Detail die Foodbilder gemacht haben,

… allen Kursteilnehmerinnen, die mich während der letzten Jahre auf meinem Heilpflanzenweg begleitet haben,

… Matthias, meinem Gatten, der mich bei der Entstehung des Buches computertechnisch unterstützt hat.

Inhalt

Einführung

- **12 Geschichte**
- **14 Vorkommen des Hopfens**
  - 14 Anbaugebiete in der Schweiz
  - 14 Anbaugebiete in Deutschland
- **16 Botanik**
  - 17 Hopfensorten
- **18 Anbau, Pflege und Ernte**
  - 18 Von den Hopfensprossen zu den Hopfendolden (-zapfen)
  - 19 Der Hopfen im Hausgarten
  - 19 Erwerbsmäßiger Anbau
  - 20 Krankheiten und Schädlinge
- **22 Volksheilkunde**
  - 23 Innere Anwendung in Form von Teezubereitungen, Tabletten, Dragees, Frischpflanzen-Urtinkturen und Tinkturen
  - 23 Äußere Anwendung in Form von Salben, Cremes und Kompressen
  - 24 Inhaltsstoffe der Hopfendolden(-zapfen)
  - 24 Bitterstoffe
  - 24 Bitterstoffe und ihre Wirkung
  - 24 Ätherische Öle: Aromastoffe
  - 24 Gerbstoffe
  - 25 Flavonoide
  - 25 Phytoöstrogene
- **26 Hopfenanwendung**
  - 26 Hopfen gegen Krebs?
  - 26 Hopfenpräparate und Dosierung
  - 27 Hopfen in der Frauenheilkunde
  - 28 Hopfen in der Signaturenlehre
  - 28 Emotionen, Magie und Ritual
  - 28 Hopfen zum Räuchern
  - 29 Schmuck
  - 29 Schutz vor Feuchtigkeit und Ungeziefer
- **30 Sprossen, Triebe ...**
  - 30 Hopfensprossen
  - 30 Hopfentriebe
  - 32 Hopfenblüten
  - 32 Hopfendolden (-zapfen)

Rezepte

32 Aperitif, Vorspeisen und Suppen
- 34 Schaumsuppe mit Hopfentrieben und Kresse
- 34 Hopfentriebsuppe mit Champignons
- 36 Biersuppe mit Hopfendolden
- 38 Nuss-Hopfendolden-Pesto
- 38 Mozzarella mit Hopfendolden und Ringelblumen
- 40 Guacamole mit Hopfendolden
- 40 Würzige Hopfenstangen
- 42 Hopfen-Speck-Nuss-Brötchen
- 42 Hopfen-Oliven-Brötchen
- 44 Randensalat mit Hopfensprossen
- 44 Frühlingssalat mit Hopfensprossen

46 Mahlzeiten – Beilagen
- 48 Hopfengemüse
- 48 Hopfentriebe, mit Käse überbacken
- 50 Spaghetti mit Hopfentrieben und Zitronenrahmsauce
- 52 Penne mit Hopfentrieben
- 52 Wildkräuterpfanne mit Hopfentrieben
- 54 Schwedisches Kartoffelpüree mit Hopfentrieben

56 Desserts und Gebäck
- 58 Herb-süße Haselnusskugeln
- 58 Hopfenlikör-Schokoladeneis
- 60 Hopfenlikör-Parfait
- 62 Hopfenlikör-Schokoladenmousse
- 64 Hopfentinktur-Schokoladenkugeln
- 65 Hopfenlikör-Pralinen
- 66 Orangentrifle mit Hopfenlikör
- 68 Ruths Schokoladenkuchen

70 Basics
- 72 Hopfenchutney
- 72 Hopfen-Nachtkerzenblüten-Butter
- 74 Hopfenöl
- 74 Hopfenessig
- 76 Hopfensenf
- 76 Hopfensalatsauce
- 78 Hopfengelee
- 78 Hopfensalz
- 78 Hopfensprossen

80 Getränke
82 Aphrodisiakum
83 Hopfenklar
83 Winterlikör nach
    Hildegard von Bingen
84 Likör
86 Hopfen-Hibiskus-Sirup
88 Apfelsaftlimonade

90 Wellness und Gesundheit
92 Hopfenseife
92 Gesichtswasser
94 Schlafkissen
94 Hopfentinktur
95 Hopfengesichtscreme
96 Tee für die Wechseljahre
96 Tee für einen guten, tiefen Schlaf
98 Hopfenbad zum Entspannen
99 Hopfenmilch für einen gesunden
    Schlaf
99 Tee bei nervösen Magenbeschwerden

100 Anhang
100 Hopfenfeste und Bezugsquellen
103 Literaturverzeichnis
104 Register

**Die Rezepte sind,
wo nicht anders vermerkt,
für 4 Personen berechnet.**

Abkürzungen
EL gestrichener Esslöffel
TL gestrichener Teelöffel
dl Deziliter
ml Milliliter
Msp Messerspitze

Vorwort

Vermutlich ist jeder schon einmal, ob er's weiß oder nicht weiß, mit der Hopfenpflanze in Kontakt gekommen, sei es, dass er eine imposante Hopfenplantage bestaunt oder ganz einfach ein Bier getrunken hat. Ähnlich wie das Salz in der Suppe gibt der Hopfen dem Bier den frischen, leicht herben Geschmack und macht das Getränk länger haltbar. Und wie beim Salz benötigt man auch vom Hopfen zum Kochen und zum Brauen nur eine geringe Menge.

Mein Buch lädt ein, den Hopfen als kulinarische Pflanze und in der Heilkunde zu entdecken. Schön, wenn unsere Lebensmittel wieder mehr geschätzt werden, so wie es der Wanderarzt Hippokrates von Kos (460–377 v. Chr.) formuliert hat: «Eure Heilmittel sollen eure Nahrungsmittel und eure Nahrungsmittel eure Heilmittel sein.»

Violette Tanner
Hemishofen, im Februar 2009

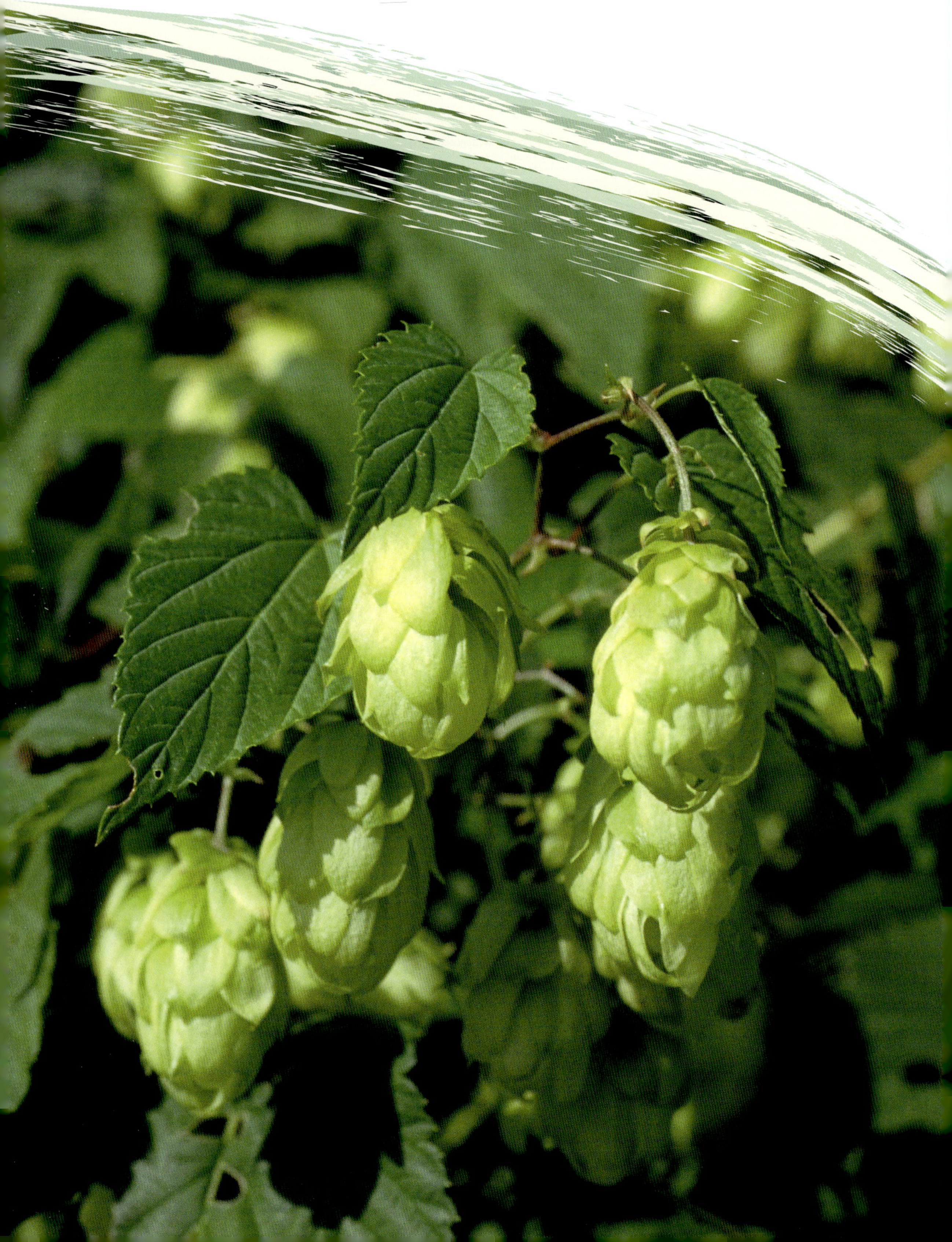

Einführung

Geschichte

Auf die Hopfenpflanze treffen wir zum ersten Mal bei Plinius dem Älteren, einem römischen Feldherrn und Geschichtsschreiber (23–79 n. Chr.). Von ihm gibt es weit über 2000 Schriften über die Anwendung von Heilpflanzen. Allerdings beschreibt Plinius den Hopfen nicht als Heilpflanze, sondern erwähnt dessen Sprossen als kulinarische Delikatesse. Die Hopfengeschichte ist meistens eng mit dem Bierbrauen und nur selten mit der Heilpflanzenkunde verbunden. Der älteste schriftliche Nachweis zum Anbau des Hopfens stammt aus Deutschland und ist aus dem Jahr 736 n. Chr. Um 1050 taucht der Hopfen zum ersten Mal in einem englischen Kräuterbuch als Medizinalpflanze auf.

Das Brauhandwerk war ursprünglich fest in Frauenhänden. Sie hüteten auch das Geheimnis des Bierbrauens und gaben dieses von Generation zu Generation weiter. Die Frauen, die gutes Bier brauen konnten, sollen über übernatürliche Kräfte verfügt haben. Wenn der Biersud misslungen und unbrauchbar war, wurde nach den Schuldigen gesucht. Im Mittelalter sollen es die «Bierhexen» gewesen sein, die dann verfolgt und getötet wurden. Verbrennungen gab es zum Beispiel 1737 in Düsseldorf, 1749 in Würzburg und 1782 in der Schweiz.

In den Klöstern machten die Mönche die Erfahrung, dass die Hopfenzapfen lange haltbar und fäulnisresistent sind. Daraus wurde abgeleitet, dass der Hopfen ein gutes Konservierungsmittel sei. Die männlichen Klosterbewohner brauten Bier und konservierten auch den Wein mit Hopfenzapfen. Ob sie dem Bier die Hopfenzapfen wegen ihrer lusthemmenden Wirkung zusetzten, bleibt Spekulation. Erhärtet ist, dass das Bier als ein flüssiges Nahrungsmittel in der Fastenzeit erlaubt war und von den Mönchen gerne getrunken wurde. Damals braute man hinter den Klostermauern die ersten Starkbiere. Aus dieser Zeit stammt auch der Ausdruck «Bier ist flüssiges Brot». Für die fastenden Nonnen und Mönche galt: «Flüssiges bricht das Fasten nicht.» So war das Bier während der langen Fastenzeit für die Klosterbewohner eine nahrhafte und gesunde Nahrungsquelle.

Hildegard von Bingen (12. Jh.) erfasste die Heilpflanzen im Buch «Physica» aufgrund der Signaturenlehre und ihrer inneren Wahrnehmung. Sie war vom

Hopfen nicht besonders angetan. Sie schrieb: «Zum Nutzen des Menschen ist er nicht sehr brauchbar, fördert er doch die Melancholie im Menschen und beschwert die Eingeweide.» Sie fand es jedoch sinnvoll, ihn als Konservierungsmittel zu verwenden. Sie schrieb: «Mit seiner Bitterkeit hält er gewisse Fäulnisse von den Getränken fern, denen er beigegeben wird, was sie haltbarer macht.» Anfang des 16. Jahrhunderts rühmten der Schweizer Arzt Paracelsus (1493–1541) und der italienische Arzt Pier Andrea Mattioli (1501–1577) die schlaffördernde Wirkung der Hopfenzapfen. Hieronymus Bock, Pfarrer, Heilkundiger und Naturbeobachter (1498–1554) und Verfasser des «Kreuterbuchs» von 1539, beschrieb den Einsatz der Hopfenzapfen in der Frauenheilkunde. Er empfahl für die Geburtseinleitung bei verschlossenem Muttermund eine äußerliche Dampfanwendung mit Hopfen.

Bei einigen Indianerstämmen, den Cherokee-, den Navajo- und den Dakotaindianern, war der Hopfen als Heilmittel bekannt. Hopfen wurde bei den Urvölkern bei Schlaflosigkeit, Zahnschmerzen, zur Entspannung und bei Magen-Darm-Leiden eingesetzt. 2007 wurde der Hopfen vom Studienkreis «Entwicklungsgeschichte der Arzneipflanzenkunde an der Uni Würzburg» als Arzneipflanze des Jahres ausgezeichnet.

Vorkommen des Hopfens

Der Hopfen stammt vermutlich aus Osteuropa. Seit dem 8. Jahrhundert kommt er in Asien, Nordamerika und in allen gemäßigten Teilen Europas vor. Bei uns wächst die Schlingpflanze an Waldrändern und an Bachläufen wild, also dort, wo ihre Wurzeln genügend Feuchtigkeit finden und der Boden gut durchwurzelt werden kann. Weil in der freien Natur eine Kletterhilfe häufig fehlt, hängt die Pflanze von Bäumen, Hecken und Gebüschen herunter oder umschlingt dieselben.

Anbaugebiete in der Schweiz
Der Hopfen wird in Stammheim, Wolfwil und im Fricktal angebaut. Für den Eigenbedarf (Ittinger Klosterbräu) wird in der Kartause Ittingen auf einem Grundstück von 17 000 m² Hopfen angebaut. Die Gesamtanbaufläche liegt bei 170 000 m²; damit können 10 Prozent des schweizerischen Bedarfs für die Bierherstellung gedeckt werden.

Anbaugebiete in Deutschland
Im Mittelalter kannte man in Deutschland den Streuhopfenanbau. Die Hauptanbaugebiete befanden sich im Norden Deutschlands, z. B. in Niedersachsen, Sachsen-Anhalt, Sachsen und Brandenburg. Auch rund um München, Wasserburg am Inn und Nürnberg gab es Hopfenkulturen. Die im 19. Jahrhundert entstandenen großen Hopfenanbaugebiete entsprechen den heutigen Anbauflächen. Das größte Hopfenanbaugebiet weltweit mit ungefähr 30 % der Weltmarktproduktion liegt in der Hallertau, die sich von München über Ingolstadt nach Landshut erstreckt. Weitere Anbaugebiete sind der Bodenseeraum zwischen Friedrichshafen, Ravensburg und Tettnang, Stuttgart, Bitburg in Rheinland-Pfalz, südwestlich von Koblenz unweit der Grenze zu Luxemburg, das Elbe-Saale-Gebiet in der Nähe von Weimar, Halle, Dresden und Leipzig, die Gebiete rund um die Stadt Spalt und bei Hersbruck.

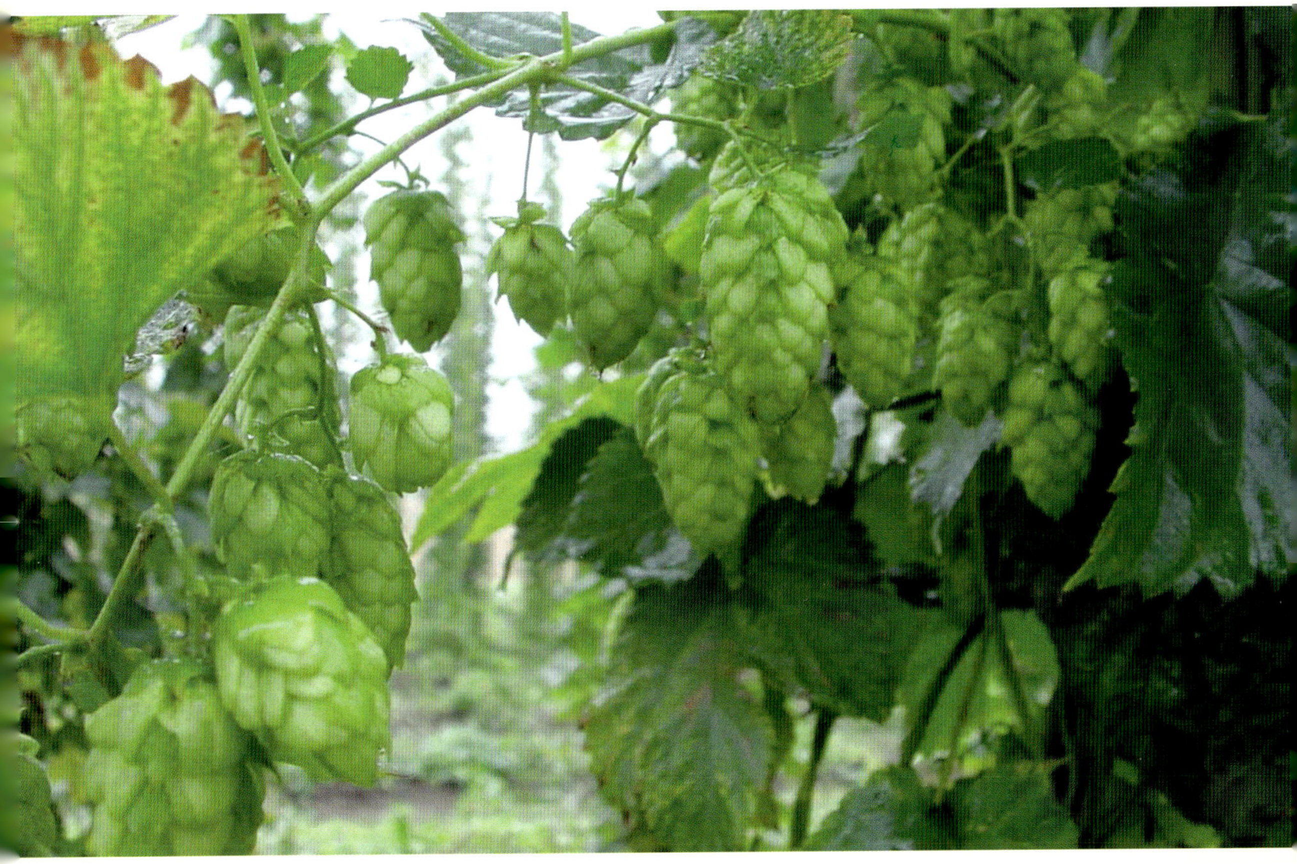

Botanik

Der Hopfen, *Humulus lupulus L.,* gehört zusammen mit dem Hanf zur Familie der Cannabinaceen, welche mit den Maulbeergewächsen (Moraceae) verwandt sind.

Die Hopfenanbaugebiete liegen zwischen dem 35. und dem 55. Breitengrad auf der nördlichen und der südlichen Halbkugel. Hier ist die Sonneneinstrahlung für die Blütenbildung optimal und auch die Wasserversorgung gesichert.

Der Hopfen ist zweihäusig und getrenntgeschlechtlich. Es gibt also weibliche und männliche Pflanzen. In Kulturen/Plantagen wachsender Hopfen ist immer weiblich, weil nur er die typischen Hopfenzapfen (Lupuli strobulus) oder Hopfendolden, wie sie im Volksmund auch heißen, entwickelt.
Im Flächenanbau müssen die männlichen Pflanzen systematisch entfernt werden, weil man verhindern will, dass es zu einer Befruchtung kommt. Grund ist, dass

eine Befruchtung einerseits die Qualität des Hopfens beeinträchtigt und anderseits die Dolden wegen der Samen schwerer werden. Die weiblichen Hopfenblüten werden vor allem durch den Wind und nicht durch Insekten befruchtet.

Die Hopfenrebe wächst auf der nördlichen Halbkugel im Gegensatz zu den meisten Schlingpflanzen rechtsdrehend, auf der südlichen Halbkugel dagegen linksdrehend. Das hat mit der Corioliskraft zu tun. Sie wurde erstmals 1835 von Gaspard Gustave de Coriolis mathematisch beschrieben. Aufgrund der Erdrotation bewegen sich die Luft- und Wassermassen in einem rotierenden Bezugssystem, was auf der Nordhalbkugel zur Ablenkung nach rechts führt.

Der Blühbeginn des Hopfens ist von der Tageslänge abhängig und fällt auf den Wonnemonat Mai. Die Hopfenblüten sind gelbgrün und gleichen Zapfen.

Bei optimalen Bedingungen wächst die Hopfenrebe bis zu 30 cm am Tag. Dank den mit feinsten Klimmhaaren besetzten Stängeln und Blättern kann die Pflanze in die Höhe klettern. Die Hopfenrebe wächst in nur 70 Tagen rund 8 Meter. Die Ernte fällt auf den Monat August.

Die Hopfenpflanze ist sehr standorttreu. Selbst 50 Jahre sind nicht zu lang, obwohl die Pflanze in Kulturen nach 15 Jahren ersetzt wird. Damit es dem Hopfen richtig wohl ist, benötigt er eine möglichst lange Kletterhilfe und regelmäßig Dünger.

Hopfensorten

Für die Bierbrauereien werden Aroma- und Bitterhopfensorten angebaut.

Aromasorten sind Perle, Hallertauer Mittelfrüh, Hallertauer Tradition, Hersbrucker Spät, Saphir, Spalter und Spalter Select und Tettnanger.

Bittersorten sind Brewers Gold, Northern Brewer, Target, Hallertauer Magnum, Hallertauer Taurus, Hallertauer Merkur.

Im Handel gibt es für den Hausgarten (Zierpflanze) auch den einjährigen, schnell wachsenden japanischen Hopfen (Humulus japonicus). Eine neue Züchtung ist die Golden Princess, welche große Dolden bildet und gegen Schädlinge äußerst resistent ist.

Anbau, Pflege und Ernte

Von den Hopfensprossen zu den Hopfendolden (-zapfen)

Die unterirdischen Hopfensprossen können je nach Wetter zwischen Ende März und Anfang April gegraben werden. Hopfensprossen, auch «Hopfenspargel» genannt, sind eine besondere Delikatesse und schmecken am besten, wenn sie in Butter gedünstet werden.
Von Mitte April bis Mitte Mai werden die oberirdischen Hopfentriebe geerntet. Wichtig ist hier, dass man 3 bis 5 Triebe für die Bildung der Hopfendolden (-zapfen) stehen lässt. Die Hopfentriebe können wie Spinat oder Wildkräuter zubereitet werden.
Die verbleibenden 3 bis 5 Triebe bekommen eine Rankhilfe. Wenn die Triebe einen Meter hoch sind, wird die Erde leicht angehäuft. Gleichzeitig wird eine Handvoll Kompost oder auch Biodünger unter die Erde gemischt.
Die Hopfendolden (-zapfen) werden Mitte bis Ende August geerntet.
Im Herbst werden die Hopfenranken über dem Boden abgeschnitten und später zum Überwintern mit Humus angehäuft. Im Frühling stößt man die angehäufte Erde beiseite. Gleichzeitig erfolgt ein erster Schnitt der neuen Austriebe. Die unteren Augen müssen stehen gelassen werden.

Der Hopfen im Hausgarten

Der Hopfen kann problemlos im eigenen Garten gezogen werden. Ideal ist eine Südwest- oder Südostlage. Die Erde soll wie im erwerbsmäßigen Anbau humos, gut durchwurzelbar und genügend feucht sein. Auch hier braucht man als Rankhilfe Seile, Drähte, Zäune oder Pergolen.
Beste Pflanzzeit ist der Herbst. So hat die Pflanze genügend Zeit, vor dem Winter

einzuwurzeln. Regelmäßige Kompostgaben oder Bio-Volldünger (Stickstoff) im frühen Frühling und allenfalls ein zweites Mal Ende Mai und ausreichend Feuchtigkeit unterstützen das Wachstum. Es ist wichtig, dass der Hopfen nicht überdüngt wird. Wenn die Hopfenpflanze sich wohlfühlt, ist sie vital und auch resistenter gegen einen Schädlingsbefall.

Erwerbsmäßiger Anbau

Hier kommen bei vielen Pflegearbeiten und der Ernte Maschinen zum Einsatz. Ganz ohne Handarbeit geht es aber trotzdem nicht.
Die Ernte der Hopfendolden (-zapfen) ist zwischen Ende August und Mitte Oktober. Dazu wird die Pflanze über dem Boden abgeschnitten und die Hopfendolden (-zapfen) in einem zweiten Arbeitsgang auf einer Förderanlage mit Gebläse von den Blättern und den Stängeln getrennt.
Für die weitere Verarbeitung werden die

Dolden (Zapfen) in einer Darranlage bei 60 °C getrocknet; so verliert der Hopfen etwa 80 % Wasser. Die getrockneten Dolden (Zapfen) werden gemahlen, zu Pellets gepresst und vakuumiert und nachher kühl gelagert. Nun ist der Hopfen bereit für die Brauereien, er kann in dieser Form aber auch problemlos 2 bis 3 Jahre gelagert werden. Für 100 Liter Bier braucht man etwa 100 g Trockengut, je nach gewünschtem Bitteranteil. Eine Hopfenpflanze liefert um die 600 g getrocknete Hopfendolden (-zapfen).

Krankheiten und Schädlinge
Die Hopfenpflanze ist je nach Wetter und Klima für verschiedene Schädlinge/Krankheiten anfällig.
Blattläuse (Phorodon humuli) können mit dem Marienkäfer, einem Nützling, bekämpft werden. Bei starkem Befall ist man aber leider gezwungen, ein Schädlingsbekämpfungsmittel einzusetzen. Die Hopfenspinnmilbe (Tetranychus urticae) oder rote Spinnmilbe schädigt die Bahn, in der der Saft der Hauptpflanze fließt, was zum Absterben der Pflanze führt. Der Liebstöckelrüssler (Otiorrhynchus ligusci) frisst die Austriebe der jungen Pflanze. Auch Drahtwurm (Agriotes spec.), Markeule (Hydraecia micacea Esper), auch «Kartoffelbohrer» genannt, und Schattenwickler (Cnephasia alticolana) können den Hopfen heimsuchen und die Triebspitzen der Jungpflanze fressen.

Der echte Mehltau (Podosphaera macularis sp., früher Sphaerotheca humuli) führt zu Missbildungen der Triebspitzen. Gleiches gilt für den falschen Mehltau (Pseudoperonospora humuli). Die «Peronospora» ist eine Pilzerkrankung der Dolden und verfärbt sie braun. Auch die Welkekrankheit (Verticillium alboatrum) kann den Hopfen befallen.
In den Hopfenplantagen wird der Krankheits- oder Schädlingsbefall mit einem Minimum an biologischen oder konventionellen Schädlingsbekämpfungsmitteln gestoppt.

Aus dem Kräuterbuch von Jacobus Theodorus «Tabernaemontanus» anno 1625

Innerlicher Gebrauch dess Hopffens

Der fürnembste Gebrauch dess Hopffens ist dieser/dass man ihn zum Bier gebrauchet/ und gleich als das Saltz dess Biers seyn kan. Aber wann man dess Hopffens zu viel nimmet/ machet er das Bier bitter und beschweret das Haupt.
FERNELIUS schreibet/ dass der Hopff eine Krafft habe zu reinigen/ und zu eröffnen fürnemblich aber eröffne er die verstopffte Leber/ und reinige dieselbige. Daher auch PLINIUS schreibet/ dass etliche im Frühling die junge Spargen in der Kost nützen/ welches ein anmühtige Speiss sey/ doch werde sie mehr Lusts/ dann Hungers halben gessen. Gleich auch reiniget der Hopffe den Miltz und nimpt hinweg die Verstopffung desselbigen. Es hat auch der Hopff ein Krafft und Natur die verbrandte melancholische Feuchte gemachsam ausszuführen: Läutert auch und reiniget das Geblüt: Wirdt nützlich gebraucht wider allerley Fieber so von Unreinigkeit dess Geblüts/ und Verstopffung der Leber und dess Miltzes iren Ursprung haben/ fürnemlich aber soll er gebraucht werden zu den melancholischen Fiebern. (Hopffen und Hirschzungen in Wein gesotten und getruncken/ vertreibt die viertägige Fieber/ öffnet die Verstopffung der Brust/ und nimpt auch das Keichen.)
Dieweil auch der Hopffe die Leber und das Miltz reiniget/ und derselbigen Verstopffung hinweg nimpt/ wirdt er nützlich gebraucht wider die Gelbsucht (und treibet die wässerige kalte Feuchte auss in der Wassersucht durch Stulgang.) Wider die obermelte Gebresten kan man das Laub/ den Hopffen oder die Wurtzeln in Wein/ Wasser oder Geyssmolcken sieden/ nach Gelegenheit der Schwachheit/ unnd jederzeit einen guten Trunck darvon thun. (Dess gepülverten Samens ein halb quintlein eingenommen/ tödtet die Würm im Leib/ befördert den Harn/ und der Frauwen Zeit. Die Wurtzel wirdt in langwirigen Fiebern nützlich gebraucht.)

Volksheilkunde

Mehr als 95% der Hopfenwelternte geht in die Bierherstellung. Es ist deshalb nicht erstaunlich, dass im 19. und 20. Jahrhundert, im Zeitalter der Technologisierung, Industrialisierung und des «Siegeszugs» der Chemie, dem Hopfen als Heil- und Arzneimittel eine geringe Bedeutung beigemessen wurde.
Als während des Zweiten Weltkrieges synthetisch hergestellte Medikamente rar waren, haben sich die Menschen wieder der Pflanzen und ihrer Heilwirkungen erinnert.
Naturheilmittel haben im 21. Jahrhundert an Popularität wieder zugenommen und einen entsprechend höheren Stellenwert. Die Menschen sind auf der Suche nach alternativen Heilmethoden und Heilmitteln. So wird der Hopfen etwa mit Baldrianwurzeln, Passionsblumenblüten, Blättern von Zitronenmelisse und Lavendelblüten kombiniert und als Fertigpräparat zur Beruhigung und Schlafförderung verkauft.

Innere Anwendung in Form von Teezubereitungen, Tabletten, Dragees, Frischpflanzen-Urtinkturen und Tinkturen

- wissenschaftlich anerkannt ist die Wirkung des Hopfens bei Unruhe, Angstzuständen und Schlafstörungen
- in der Erfahrungsheilkunde und in der Volksmedizin werden mit dem Hopfen die Verdauungssäfte bei Appetitlosigkeit angeregt
- beruhigt bei Asthma
- beruhigt bei Einschlafschwierigkeiten
- die Bitterstoffe stärken bei Erschöpfung
- beruhigt bei leichter und nervös bedingter Magenerkrankung
- beruhigt bei einer nervösen Darmerkrankung wie Durchfall; die Gerbstoffe entgiften
- beruhigt bei Hautjuckreiz
- beruhigt und dämpft den Juckreiz bei Neurodermitis
- entspannt und beruhigt bei Migräne
- beruhigt und wirkt ausgleichend bei Nervosität
- die Gerbstoffe hemmen die Viren und Bakterien bei einer Nieren- oder Blasenerkrankung.
- Reduziert die Reizbarkeit und beruhigt die Nerven.

- reduziert die sexuelle Übererregbarkeit
- hilft bei Menstruationsbeschwerden und Menstruationskrämpfen
- lindert die Wechseljahrsbeschwerden durch Beruhigung. Stärkt und unterstützt das weibliche Sexualhormon Östrogen
- wirkt beim Mann als Anaphrodisiakum

Äußere Anwendung in Form von Salben, Cremes und Kompressen

- Rheuma
- Gelenkschmerzen
- Gelenkentzündung
- Neuralgie
- Kompressen beruhigen und heilen bei Juckreiz

Inhaltsstoffe der Hopfendolden (-zapfen)

60 % Cellulose, Lignine, Proteine, Aminosäuren, Mineralstoffe, Lipide, Kohlenhydrate, Pektine
24 % Bitterstoffe
10 % Wasser
5 % Polyphenole
1 % ätherische Öle

Bitterstoffe

15–30 % der Bitterstoffe werden aus den Fruchtständen, der Rest aus den Hopfendrüsen gewonnen.
Die Bitterstoffe Humolon und Lupolon sind unter anderem für die beruhigende und schlaffördernde Wirkung des Hopfens verantwortlich. Während der Lagerung führt ein Oxidationsprozess zur Abspaltung von Alkohol. Dieser Stoff beruhigt ebenfalls. Weil er leicht flüchtig ist, entfaltet er auch im Schlafkissen seine Wirkung.

Bitterstoffe und ihre Wirkung

- sekretionsfördernd
- appetitanregend
- fördern die Aufnahme von Nährstoffen
- regen die Darmbewegung an und beschleunigen damit die Magenentleerung
- blähungs-, gärungs- und fäulniswidrig
- unterstützen Leber, Bauchspeicheldrüse und Galle bei der Verdauung von Fett
- regen den Energiestoffwechsel an
- blutbildend
- fiebersenkend
- herzstärkend
- antriebs- und energiesteigernd
- wärmend (bei chronisch kalten Händen und Füßen)
- stimmungsaufhellend
- günstiger Einfluss auf den Säure-Basen-Haushalt: der pH-Wert im Magen wird gesenkt, was einer Übersäuerung entgegengewirkt (positiv bei Gicht, Rheuma und Hauterkrankungen)

Ätherische Öle: Aromastoffe

Ätherische Öle geben dem Hopfen den typischen Geruch und den würzigen Geschmack. Die Hopfendrüsen in den Schuppen der Hopfendolden (-zapfen) enthalten die Hauptwirkstoffe. Je nach Sorte und Erntequalität schwankt der Gehalt an ätherischen Ölen zwischen 0,2 und 2,5 %. Das im ätherischen Öl enthaltene 2-Methyl-3-buten-2-ol hat in Tierversuchen eine beruhigende Wirkung gezeigt.

Gerbstoffe

Die Gerbstoffe schützen die Pflanze in der Natur vor Fäulnis und Bakterienbefall. Sie verhindern das Eindringen von zu viel Feuchtigkeit und Nässe. Gleichzeitig schützen sie die Pflanze vor einem zu großen Feuchtigkeitsverlust.
In der Pflanzenheilkunde werden Gerbstoffextrakte innerlich bei durchfallähnlichen Darmerkrankungen und äußerlich bei nässenden Wunden eingesetzt. Die Gerbstoffe wirken zusammenziehend, wundheilend, schmerzlindernd, austrocknend und blutstillend. Sie schützen die Schleimhaut, bekämpfen Keime, wirken bakterizid, antiviral, fungizid und konservierend.
Beim Brauen sind die Gerbstoffe für die Eiweißausfällung (Klärung des Biers) verantwortlich. Sie haben auch einen positiven Einfluss auf dessen Haltbarkeit.

Flavonoide

Flavonoide sind in fast allen Pflanzen und Lebensmitteln enthalten, so auch im Hopfen. Sie verfügen über ein breites Wirkspektrum. Sie wirken entzündungshemmend, antioxidativ, zellschützend, schweißtreibend, krampflösend und entwässernd. Sie sind gegen Bakterien, Viren und Pilze wirksam.

Phytoöstrogene

Im Jahre 1999 ist es einer englisch-belgischen Forschergruppe gelungen, das pflanzliche Östrogen 8-Prenylnaringenin (8-PN) aus dem Hopfen zu isolieren. Es zählt heute zu den wirksamsten Phytoöstrogenen.

Laut japanischen Studien sind Phytoöstrogene maßgeblich daran beteiligt, dass auf der Insel chronische Erkrankungen, z. B. Tumore und Herzkreislaufschwäche, relativ selten sind. Der Studie lag das Phytoöstrogen Genistein zugrunde, welches in Soja (Japaner essen 100 g Soja täglich) in einer hohen Konzentration vorkommt. In den Wechseljahren der Frau nimmt die Produktion von Östrogen in den Eierstöcken kontinuierlich ab. Es kommt zu einer Disbalance zwischen den beiden Hormonen Östrogen und Progesteron, was zu den typischen Beschwerden wie Stimmungsschwankungen, Hitzewallungen, Schlafstörungen, Gereiztheit und Herzklopfen führen kann.

Hopfenanwendung

Hopfen gegen Krebs?
In die heutige Krebsforschung ist auch der Hopfen eingeschlossen. Der Inhaltsstoff Xanthohumol, ein Hopfenpolyphenol, soll laut Studien in Amerika und Deutschland (Tierversuche) das Tumorwachstum bei einer Krebserkrankung hemmen. Der Gehalt an Xanthohumol variiert je nach Hopfensorte. Die Hallertauer Sorte «Taurus» hat mit 1 % den höchsten Gehalt. Frische Hopfendolden (-zapfen) enthalten 0,2 bis 0,3 % Xanthohumol. Die Forschung auf diesem Gebiet steht erst am Anfang.

Hopfenpräparate und Dosierung
Im Handel sind Fertigarzneien aus Hopfen erhältlich: Kräutertees, Schlafkissen, Tabletten, Dragees, Kapseln, Frischpflanzentinkturen, Urtinkturen, ätherische Öle und homöopathische Globuli. Häufig wird der Hopfen mit anderen Heilpflanzen mit einer beruhigenden Wirkung kombiniert (Melisse, Baldrian, Lavendel, Passionsblume). Bitterstoffe wirken schon in einer niedrigen Dosierung. Es gilt: weniger ist mehr. Eine Überdosierung führt zu einer trägen Verdauung.

Unsere Geschmacksknospen reagieren recht unterschiedlich auf Bitterstoffe. Eine Akklimatisierung dauert zwischen 3 und 5 Wochen. Es ist deshalb sinnvoll, immer wieder eine Pause einzuschalten oder den Bitterstoff zu wechseln. Man nimmt die Bitterstoffe 30 Minuten vor dem Essen ein. Einen Bittertee auf keinen Fall süßen, weil die Wirkung bereits im Gaumen beginnt. Bitterstoffteemischungen zur therapeutischen Anwendung sind nach 5 bis 6 Wochen zu wechseln, weil sich der menschliche Körper an die Bitterstoffe gewöhnt und dadurch die Wirkung nachlässt.

Hopfen in der Frauenheilkunde

Das im Hopfen enthaltene Phytoöstrogen-Prenylnaringenin (8-PN) gleicht den weiblichen Hormonhaushalt aus. Die Hopfentinktur (wegen des Alkoholgehalts während der Schwangerschaft sparsam einsetzen) und der Hopfentee bieten sich bei folgenden gesundheitlichen Problemen an:

- zum Ausgleich des Östrogenhaushalts während der Wechseljahre: schweißhemmend, tumorwachstumshemmend, antibakteriell, entzündungshemmend, mild beruhigend und verdauungsfördernd
- bei Menstruationskrämpfen zum Beruhigen und Entspannen
- bei Blutarmut
- bei Schwangerschaftserbrechen und Übelkeit
- bei Schlafstörungen während der Schwangerschaft, zur Beruhigung bei falschen Wehen, in den Wechseljahren

- Teemischung aus Hopfendolden (-zapfen), Baumnuss-/Walnuss- und Salbeiblättern zum Abstillen
- unterstützt und regt die Monatsblutung bei Mädchen an
- gleicht allgemeine Spannungszustände aus

Hopfen in der Signaturenlehre

Dr. Roger Kalbermatten charakterisiert in seinem Buch «Wesen und Signatur der Heilpflanzen» den Hopfen als Pflanze, die die mütterliche, nährende Energie verbreitet. Der Hopfen verbreitet Freude, Leichtigkeit und Heiterkeit. Er fördert zudem die Geborgenheits- und Verschmelzungsgefühle. Er lässt das Gefühl der bedingungslosen Liebe, das wir als Kind durch die Mutter erfahren durften, entstehen.

Der Hopfen unterstützt die Menschen, denen eine gewisse Leichtigkeit im Alltag fehlt. Er schenkt ihnen Entspannung und gibt ihnen ein Gefühl der Ruhe. Die Rechtsdrehung der Pflanze während der Wachstumszeit unterstützt die zentrierende Wirkung zusätzlich. Rechtsdrehungen leiten die Kräfte der Materie nach innen.

Emotionen, Magie und Ritual

Im slawischen Gebiet galt der Hopfen als Sinnbild der Fruchtbarkeit. Bräute wurden mit Hopfen beworfen. Eine Hopfenranke auf dem Kopf einer Jungfrau bedeutet heiteres Gemüt und Freiheit von Liebeskummer.

Der Hopfen enthält Sexualenergie. Er kann der Frau helfen, mehr Klarheit über die wahre Natur ihrer Sexualität und den Zusammenhang zwischen Kreativität und Fortpflanzung, Geschlechtlichkeit und Liebe zu bekommen.

Hopfen zum Räuchern

Die grünen Hopfendolden (-zapfen) enthalten ein feines gelbes Pulver, «Hopfenmehl» oder Lupulin genannt. Es hat einen ganz speziellen, würzigen Hopfengeruch. In der Phytotherapie wird Lupulin als Nervinum, als Nervenheilmittel, verwendet. Es beruhigt und hat eine sanfte, schlaffördernde Wirkung. Es eignet sich deshalb gut für Räucherungen, die Entspannung und Ruhe schenken sollen.

Räuchermischung

2 Teile Hopfendolden (-zapfen)
1 Teil Rosenblütenblätter
der Damaszenerrose «Rose de Resht»
1 Teil Lavendelblüten
1 Teil Johanniskrautblüten
und Johanniskrautblätter

Schmuck

Die Hopfenreben an einem dunklen, trockenen Ort (bei Lichteinfluss verblasst die Farbe der Dolden/Zapfen) trocknen. Sie sind äußerst schön in einem herbstlich-floralen Gesteck. Einzelne Dolden/Zapfen eignen sich auch zum Dekorieren von Blumenarrangements und Vasen.

Schutz vor Feuchtigkeit und Ungeziefer

Die Hopfendolden (-zapfen) verwendete man früher zum Schutz vor Feuchtigkeit und Ungeziefer. Zum Regulieren der Feuchtigkeit legte man sie in der Bibliothek hinter die Bücher. Das ätherische Öl hielt die Insekten fern.

Sprossen, Triebe...

Hopfensprossen

Hopfentriebe

Die unterirdischen Hopfensprossen können je nach Wetter zwischen Ende März und Anfang April gegraben werden.

Zwischen Mitte April und Mitte Mai werden die oberirdischen Hopfentriebe geerntet.

Hopfenblüten

Hopfendolden (-zapfen)

Blühender Hopfen (wird nicht geerntet).

Die Hopfendolden (-zapfen) werden Mitte bis Ende August geerntet.

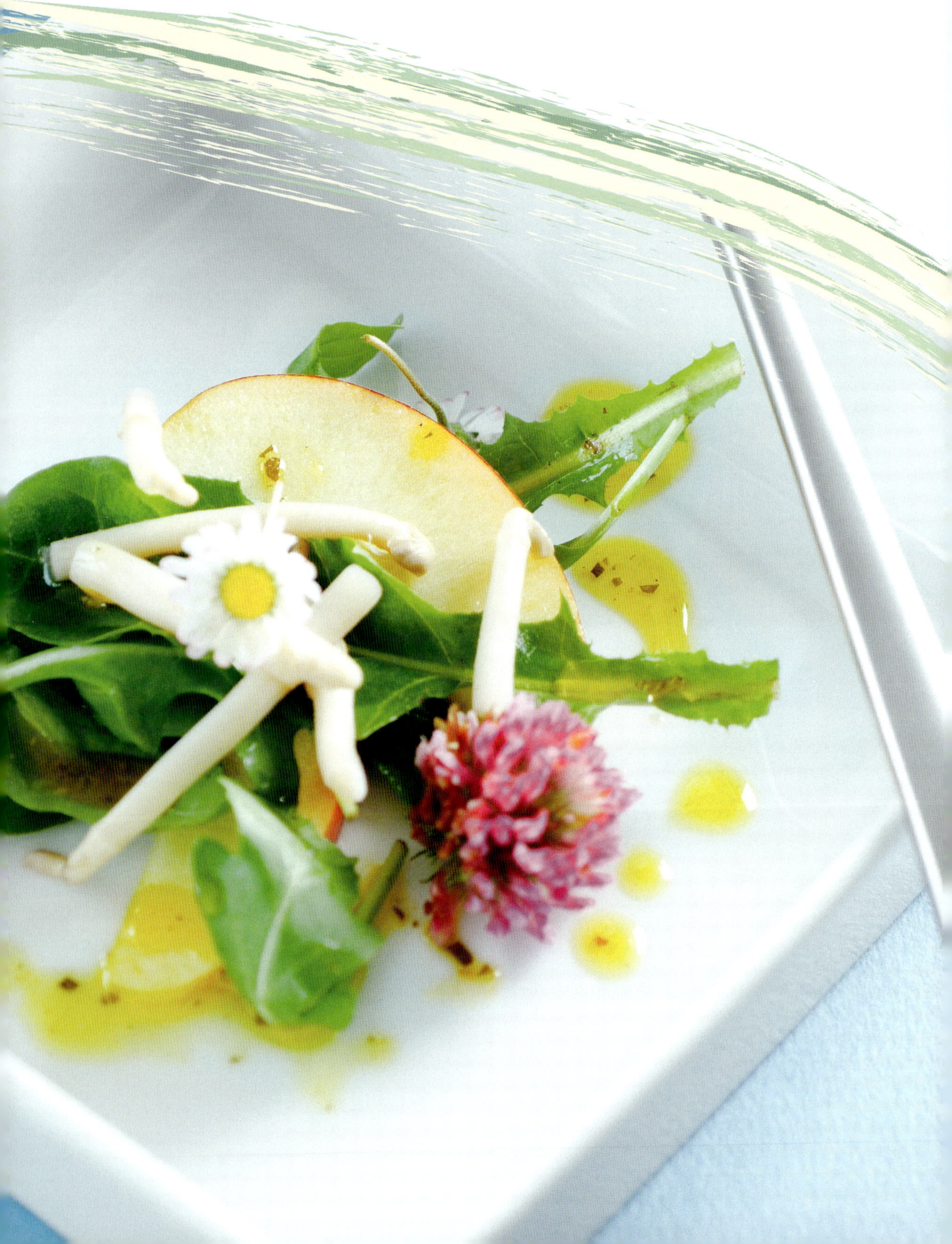

Aperitif, Vorspeisen und Suppen

Schaumsuppe mit Hopfentrieben und Kresse

20 g Butter
1 Schale Kresse
1½ EL Mehl
1 Schuss Weißwein
7 dl/700 ml Gemüsebrühe
1 kleine mehlig kochende Kartoffel
Salz
1 Prise Zucker
frisch gemahlener Pfeffer
2 dl/200 ml Rahm/Sahne,
    halb steif geschlagen

20–40 erntefrische Hopfentriebe

1 Hopfentriebe blanchieren, im Eiswasser abkühlen. In 2 cm lange Stücke schneiden, beiseitelegen.
2 Ein wenig Kresse für die Garnitur beiseitelegen, den Rest in 10 g Butter andünsten, herausnehmen, warm stellen.
3 Mehl in der restlichen Butter andünsten, Weißwein und Gemüsebrühe zugeben, unter Rühren aufkochen. Kartoffel schälen, auf der Bircherreibe dazureiben, kurz köcheln lassen, dann pürieren. Suppe nochmals erhitzen, würzen. Den Schlagrahm unterziehen, nicht mehr kochen.
4 Kresse und einen Teil der Hopfentriebe in vorgewärmte Suppenteller legen. Suppe zugeben. Mit Hopfentrieben und Kresse garnieren.

Abbildung hinten

Hopfentriebsuppe mit Champignons

20 g Butter
30–40 erntefrische Hopfentriebe
1 kleine Zwiebel, fein gewürfelt
150 g Champignons, in Scheiben
2 EL Mehl
2 EL Cognac
7 dl/700 ml Gemüsebrühe
1½ dl/150 ml Rahm/Sahne
1 Eigelb von einem Freilandei
Salz, Pfeffer

1 Hopfentriebe in 2 bis 3 cm lange Stücke schneiden, in wenig Butter andünsten, herausnehmen, warm stellen.
2 Zwiebeln in wenig Butter andünsten, Pilze 5 Minuten mitdünsten, herausnehmen und warm stellen.
3 Mehl in der restlichen Butter andünsten, mit dem Cognac ablöschen und mit der Gemüsebrühe auffüllen, unter Rühren aufkochen, Suppe bei schwacher Hitze 5 Minuten köcheln lassen.
4 Rahm und Eigelb unter die Suppe rühren, unter den Kochpunkt erhitzen, mit Salz und Pfeffer abschmecken. Die Suppe nicht mehr kochen.
5 Suppe in vorgewärmten Suppentellern anrichten, Hopfentriebe und Pilze daraufgeben.

Abbildung vorn

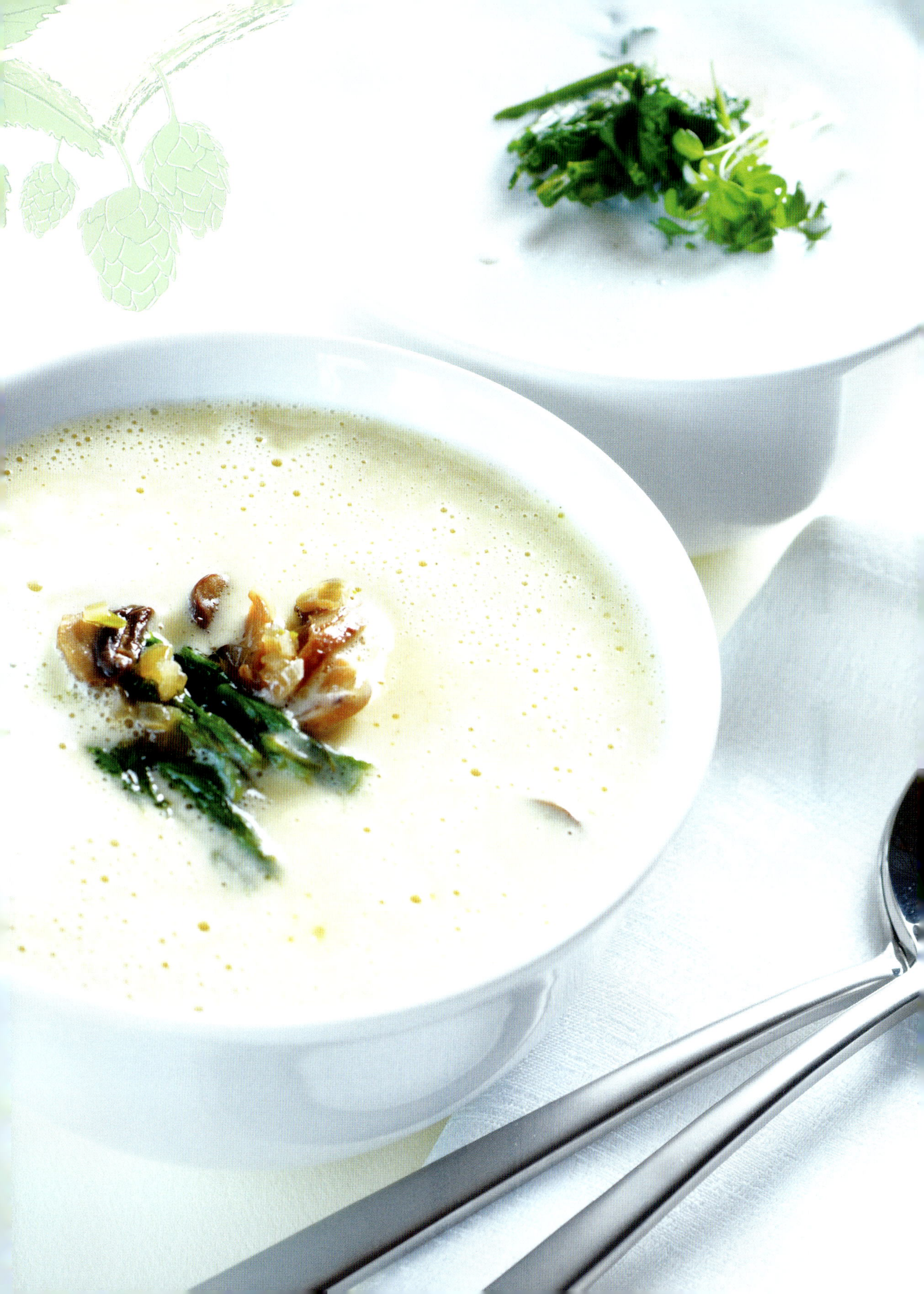

Biersuppe mit Hopfendolden

20 g Butter
25 g Mehl
2 dl/200 ml helles Bier
½ l Gemüsebrühe
1 TL Zitronensaft
2 dl/200 ml Rahm/Sahne
Salz, Pfeffer
einige junge Meerrettich-
    blätter, fein geschnitten
1–2 fein geschnittene
    Hopfendolden (-zapfen)

wenig Butter
2 Toastbrotscheiben,
    gewürfelt

1. Toastbrotwürfelchen in der Butter goldgelb braten.
2. Mehl in der Butter andünsten, mit dem Bier ablöschen und mit der Gemüsebrühe auffüllen, unter Rühren aufkochen, 5 Minuten köcheln. Zitronensaft unterrühren. Rahm unterrühren, nochmals unter den Kochpunkt erhitzen, mit Salz und Pfeffer würzen.
3. Biersuppe in vorgewärmten Suppentellern anrichten, mit Meerrettich und Hopfendolden garnieren. Brotwürfelchen separat servieren.

Hopfendolden (-zapfen) Sie geben der Suppe einen bitter-herben Geschmack.

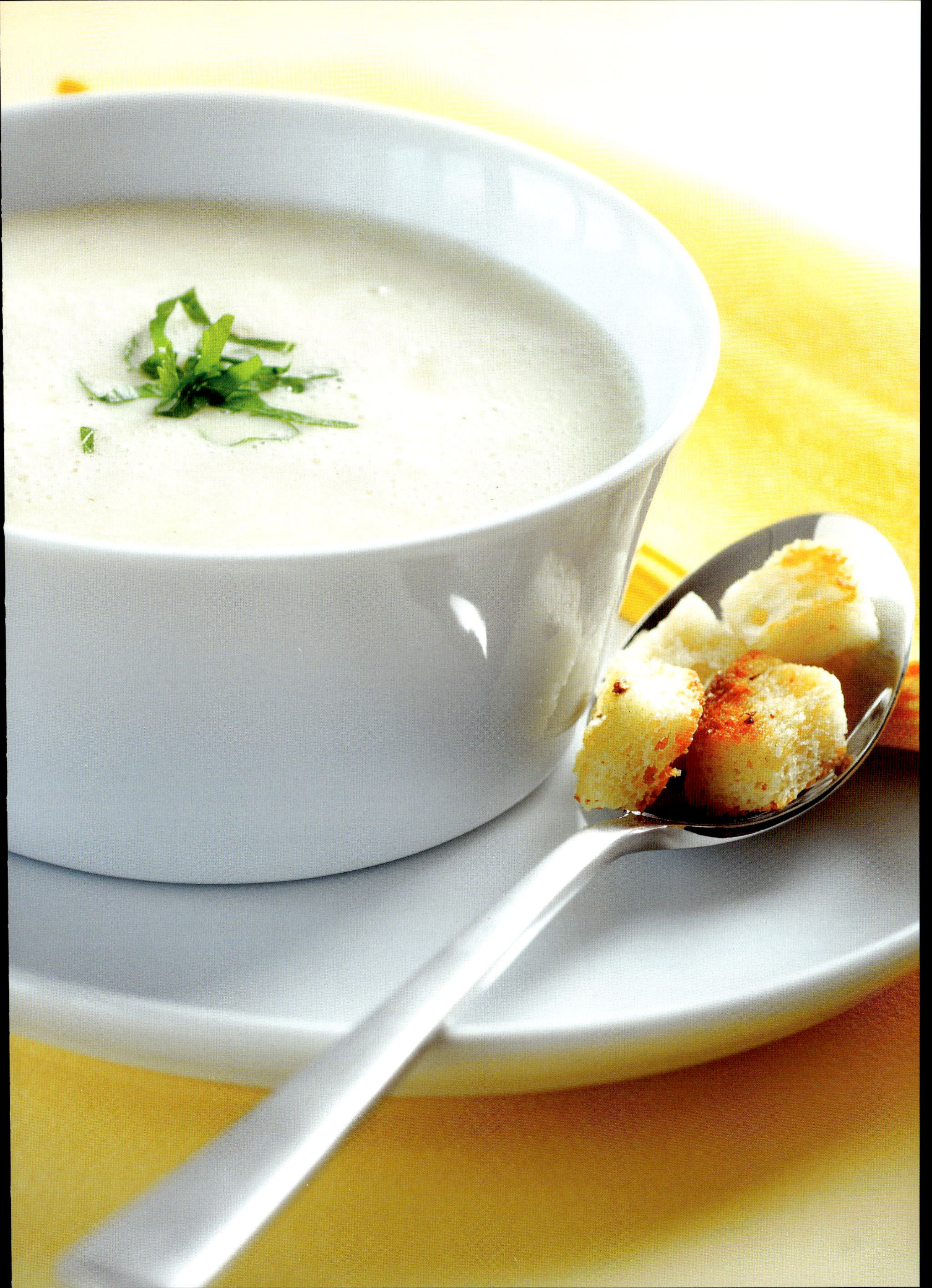

Nuss-Hopfendolden-Pesto

100 g Cottage Cheese/Hüttenkäse
150 g geriebene Baumnuss-/
 Walnusskerne
2–3 dl/200–300 ml Olivenöl extra vergine
 oder kalt gepresstes Sonnenblumenöl
60 g Tomatenpüree
70 g geriebener Parmesan
4 erntefrische Hopfendolden (-zapfen),
 fein geschnitten
frisch gemahlener Pfeffer
Salz
Paprika
wenig Zitronensaft

Cottage Cheese, geriebene Nüsse, Olivenöl, Tomatenpüree und Parmesan verrühren, Hopfen unterrühren, würzen.

Verwendung Passt zu Pasta/Teigwaren und als Brotaufstrich zu frischer Baguette und Toastbrot.

Mozzarella mit Hopfendolden und Ringelblumen

150 g Mozzarella, vorzugsweise
 aus Büffelmilch
2–3 erntefrische Hopfendolden
 (-zapfen)
10 Basilikumblättchen
wenig Hopfensalz, Seite 78
frisch gemahlener Pfeffer
Balsamico

Ringelblumenblüten
Basilikumzweiglein

1 Hopfendolden und Basilikumblättchen fein schneiden.
2 Mozzarella in Scheiben schneiden. Auf einen Teller legen, mit fein geschnittenen Hopfendolden und fein geschnittenem Basilikum bestreuen, mit Hopfensalz und Pfeffer würzen, Teller mit Balsamico zeichnen (siehe Bild). Mit Ringelblumenblüten und Basilikum garnieren.

Abbildung

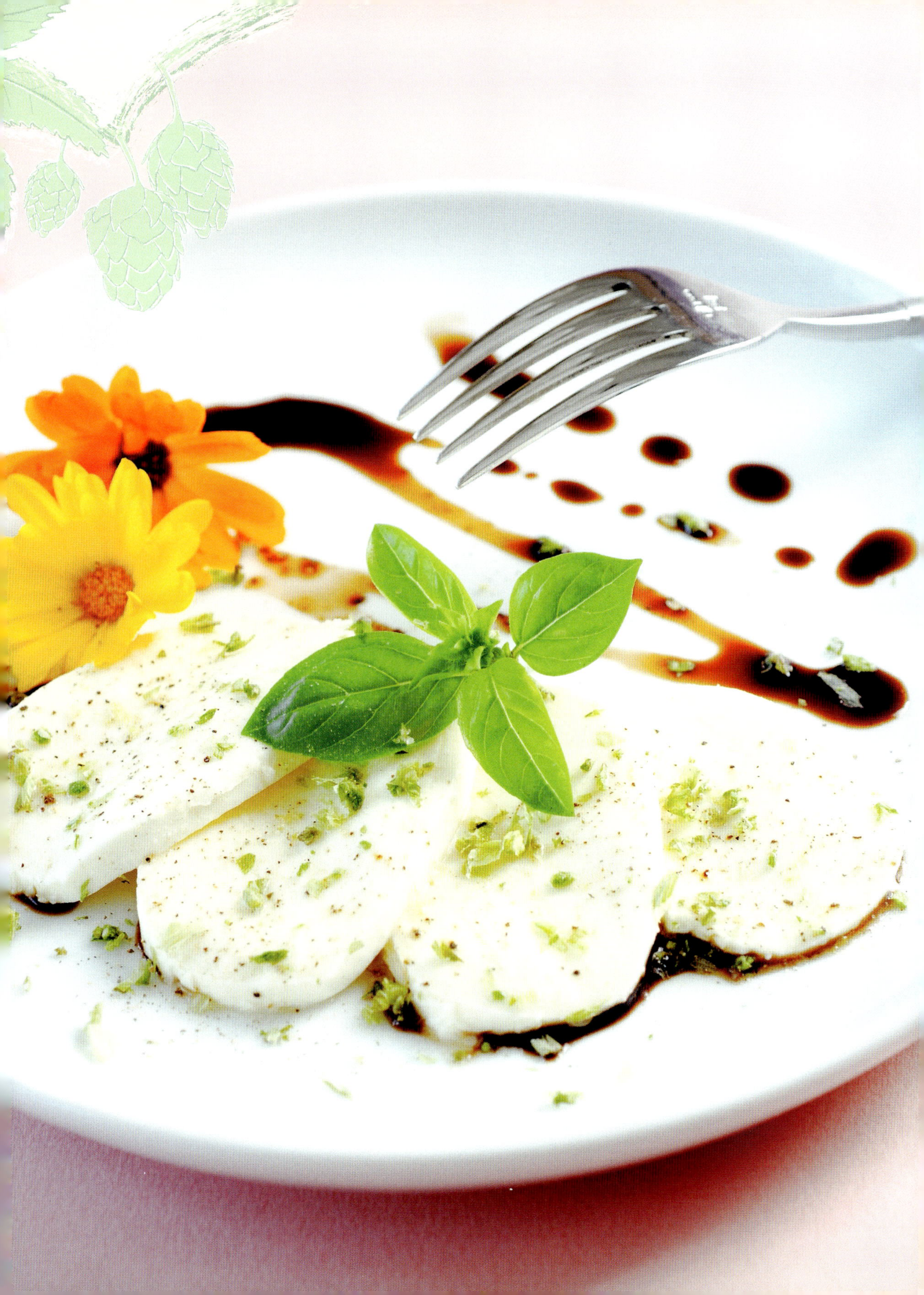

Guacamole mit Hopfendolden

2 reife Avocados
1–2 EL Hopfenöl, Seite 74,
    oder Zitronenöl
1 Zitrone, Saft
1 kleine Zwiebel,
    fein gewürfelt
1 Knoblauchzehe,
    fein gewürfelt
2–3 erntefrische Hopfen-
    dolden (-zapfen),
    fein geschnitten
Salz
frisch gemahlener Pfeffer

Avocados halbieren, Stein entfernen. Das Fruchtfleisch mit einem Löffel herauslösen und mit der Gabel fein zerdrücken. Öl und Zitronensaft unter das Fruchtfleisch rühren. Zwiebeln, Knoblauch und Hopfen ebenfalls unterrühren, mit Salz und Pfeffer abschmecken.

Verwendung Die Guacamole passt zu gerösteter Baguette, zu Nuss- und Kräuterbrot.

Tipp Den Avocadostein in die Guacamole «eingraben», so oxidiert sie weniger schnell.

Würzige Hopfenstangen

300 g Weißmehl
1 Prise Zucker
1 TL Hopfensalz, Seite 78
75 g Butter
1 dl/100 ml Milch
20 g Hefe, in wenig
   lauwarmem Wasser
   aufgelöst

zum Bestreuen
1 Eigelb
wenig Rahm/Sahne
1 EL grobkörniges
   Hopfensalz, Seite 78
1 EL Mohnsamen
1 EL Kümmelsamen

1 Butter und Milch lauwarm erwärmen.
2 Mehl, Zucker und Hopfensalz in einer Teigschüssel mischen, eine Vertiefung formen. Lauwarme Butter-Milch und Hefe in die Vertiefung geben, zu einem weichen Teig verarbeiten. Teigschüssel mit einem feuchten Tuch zudecken, den Teig bei Zimmertemperatur auf das doppelte Volumen aufgehen lassen, mindestens 2 Stunden.
3 Hefeteig halbieren und zwei Rechtecke von 1 cm Dicke und 20 cm x 40 cm Größe ausrollen. Beide Teigstücke mit einem scharfen Messer oder einem Teigrädchen quer in 1 cm breite Streifen schneiden, nebeneinander auf ein mit Backpapier belegtes Blech legen. Eigelb und Rahm verrühren, Teigstreifen damit bepinseln. Eine Hälfte der Teigstreifen mit Hopfensalz, die andere mit Mohn oder Kümmel bestreuen. Bei Zimmertemperatur 30 Minuten gehen lassen.
4 Das Backblech in den kalten Ofen schieben, Hopfenstangen bei 180 °C 15 bis 20 Minuten goldgelb backen.

Tipp Die Hopfenstangen schmecken frisch am besten.

Hopfen-Speck-Nuss-Brötchen

für 8 bis 10 Brötchen

500 g Ruch-/Schwarzmehl
1½ TL Salz
20 g Hefe
2½–3 dl/250–300 ml
 lauwarmes Wasser
ca. 1 EL zerriebene getrocknete Hopfendolden (-zapfen), je nach gewünschtem Bitteraroma
100 g Speckwürfelchen
5 EL grob gehackte Baumnuss-/Walnusskerne

Mehl zum Bestäuben

1 Hefe in 1dl/100 ml lauwarmem Wasser auflösen.
2 Speckwürfelchen in der Bratpfanne kurz anbraten.
3 Mehl, Salz, getrocknete Hopfen, Speck und Nüsse in einer Teigschüssel mischen, Hefeflüssigkeit und restliches Wasser zugeben, zu einem Teig kneten. Schüssel mit einem feuchten Tuch zudecken, Hefeteig bei Zimmertemperatur auf das doppelte Volumen aufgehen lassen, etwa 1 Stunde.
4 Den Teig in 8 bis 10 Portionen teilen, Kugeln formen, auf ein mit Backpapier belegtes Blech legen. Die Brötchen bei Zimmertemperatur etwa 30 Minuten gehen lassen.
5 Brötchen mit Mehl bestäuben. In der Mitte in den kalten Ofen schieben und bei 200 °C 20 bis 30 Minuten backen.

Tipp Lauwarme Brötchen zu einem Glas Bier oder Hopfenwein genießen.

Hopfen-Oliven-Brötchen

für 8 bis 10 Brötchen

400 g Weißmehl
150 g Ruch-/Schwarzmehl
1½ TL Hopfensalz, Seite 78, und wenig Meersalz
10 g Pizzagewürz
130 g entsteinte schwarze Oliven, fein geschnitten
65 g entsteinte grüne Oliven, fein geschnitten
2½–3 dl/250–300 ml lauwarmes Wasser
20 g Hefe

1 Hefe in 1 dl/100 ml lauwarmem Wasser auflösen.
2 Mehle, Hopfensalz, Pizzagewürz und Oliven in einer Teigschüssel mischen. Hefe und restliches Wasser zugeben, alles zu einem Teig kneten. Schüssel mit einem feuchten Tuch zudecken, Hefeteig bei Zimmertemperatur auf etwa das doppelte Volumen aufgehen lassen.
3 Den Teig in 8 bis 10 Portionen teilen, Kugeln formen, auf ein mit Backpapier belegtes Blech legen. Die Brötchen bei Zimmertemperatur etwa 30 Minuten gehen lassen. Brötchen mit Wasser bepinseln.
4 Das Blech in der Mitte in den kalten Ofen schieben und die Brötchen bei 200 °C 30 Minuten backen.

Tipp Die noch lauwarmen Brötchen zu einem Glas Bier genießen. Oder für einen Aperitif Brötchen halbieren und mit Hopfenbutter, Seite 72, dünn bestreichen.

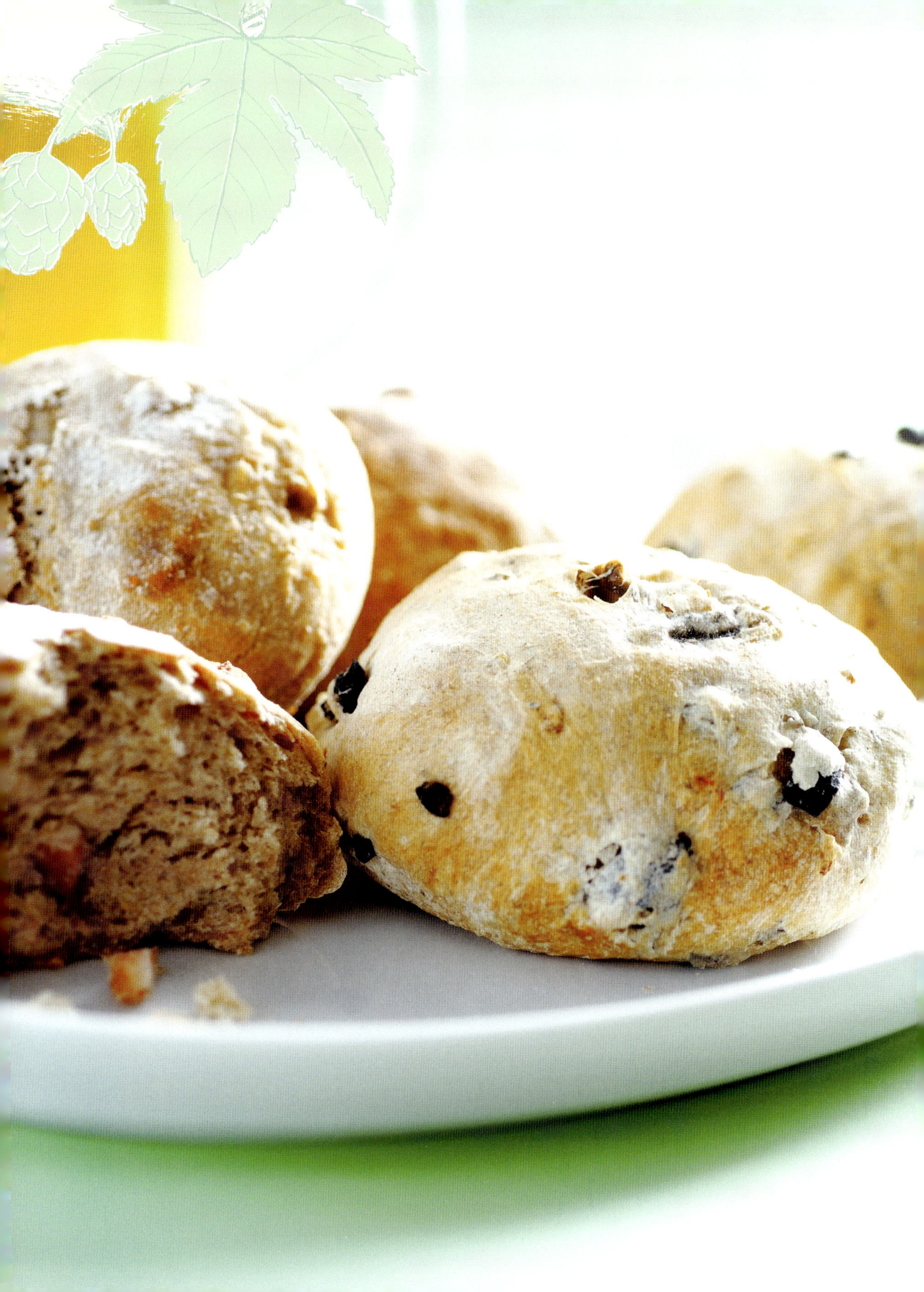

Randensalat mit Hopfensprossen

500 g rohe oder gekochte Randen/
 Rote Bete
2–3 EL Hopfensprossen
 aus dem Glas, Seite 78
Hopfensalatsauce, Seite 76
2 Orangen

Hopfensprossen für die Garnitur
rosa Pfeffer für die Garnitur

1. Rohe Randen schälen und auf der Röstiraffel reiben. Oder gekochte Randen schälen und in Würfelchen schneiden.
2. Randen und Hopfensprossen mit der Sauce mischen.
3. Orangen großzügig schälen, auch weiße Haut entfernen, Fruchtfilets aus den Trennhäuten schneiden.
4. Randensalat anrichten, mit Orangen, Hopfensprossen und leicht zerstoßenen rosa Pfefferkörnern garnieren.

Frühlingssalat mit Hopfensprossen

3 Handvoll junger Löwenzahn
 und Rucola
Hopfensalatsauce, Seite 76

Gänseblümchen
2–3 EL Hopfensprossen
 aus dem Glas, Seite 78
1 Apfel

1. Apfel ungeschält vierteln und entkernen, in feine Schnitze schneiden.
2. Löwenzahn und Rucola mit der Salatsauce mischen, auf Tellern anrichten, mit Gänseblümchen, Hopfensprossen und Apfelschnitzchen garnieren.

Gesundheitstipp Das ist ein herrlich bitterer, vitalisierender, entschlackender Frühlingssalat.

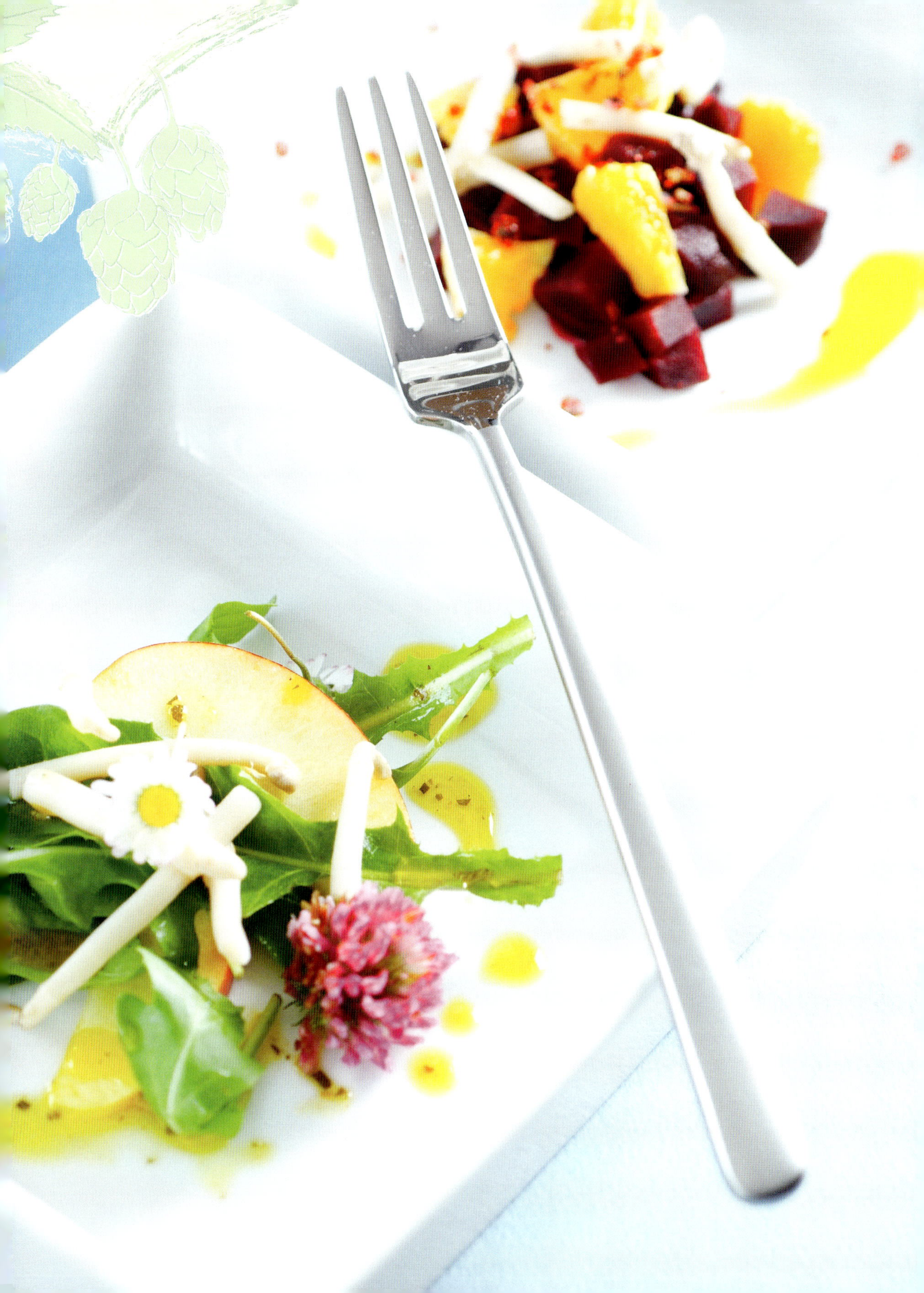

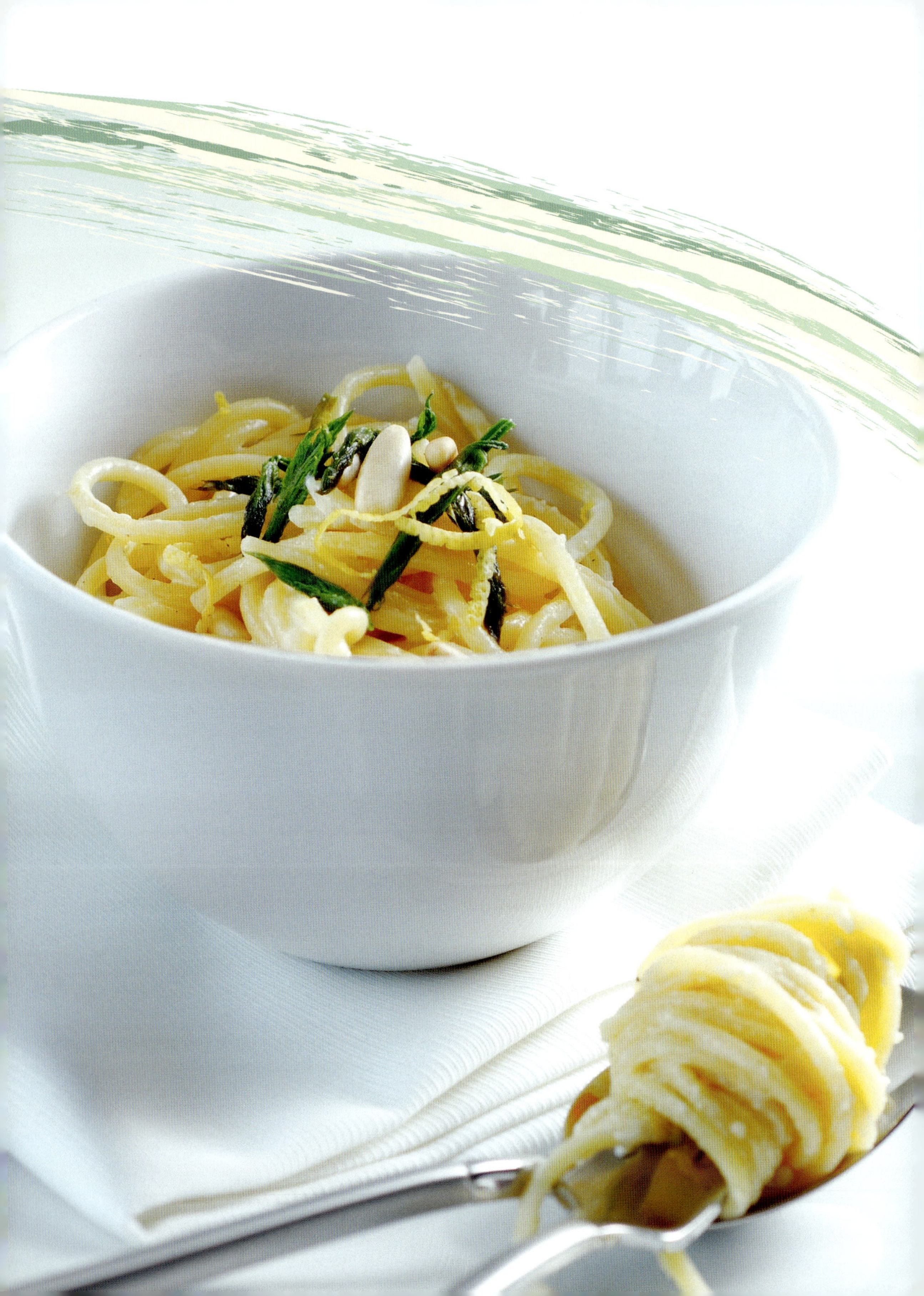

Mahlzeiten
Beilagen

Hopfengemüse

für 2 Personen als Beilage

1–2 Handvoll frisch gegrabene
   Hopfensprossen
½ l Wasser
1 Schuss Essig
wenig Zitronensaft
Salz

Butter

1 Die Hopfensprossen gründlich waschen.
2 Wasser mit Essig und Zitronensaft aufkochen, schwach salzen. Die Hopfensprossen zugeben, al dente kochen. Abgießen.
3 Hopfensprossen in der Butter schwenken.

Hopfentriebe, mit Käse überbacken

für 4 Personen als Beilage

4–5 Handvoll Hopfentriebe,
   je mehr, desto besser
Salz
frisch gemahlener Pfeffer
1–1½ dl / 100–150 ml Rahm/Sahne
wenig Mozzarella, in Streifen
Roquefort oder Gorgonzola, zerbröckelt
2–3 EL gehackte Baumnuss-/Walnusskerne
1 EL fein geschnittene Bärlauchblätter

1 Den Backofen auf 200 °C vorheizen.
2 Hopfentriebe im Wasser kurz blanchieren, abgießen.
3 Blanchierte Hopfentriebe in die mit Butter eingefettete Gratinform verteilen, mit Salz und Pfeffer würzen, Rahm zugeben, Mozzarella, Roquefort, Nüsse und Bärlauch darüber verteilen.
4 Die Form in der Mitte in den Ofen schieben, das Gratin bei 200 °C 10 bis 15 Minuten backen.

Abbildung

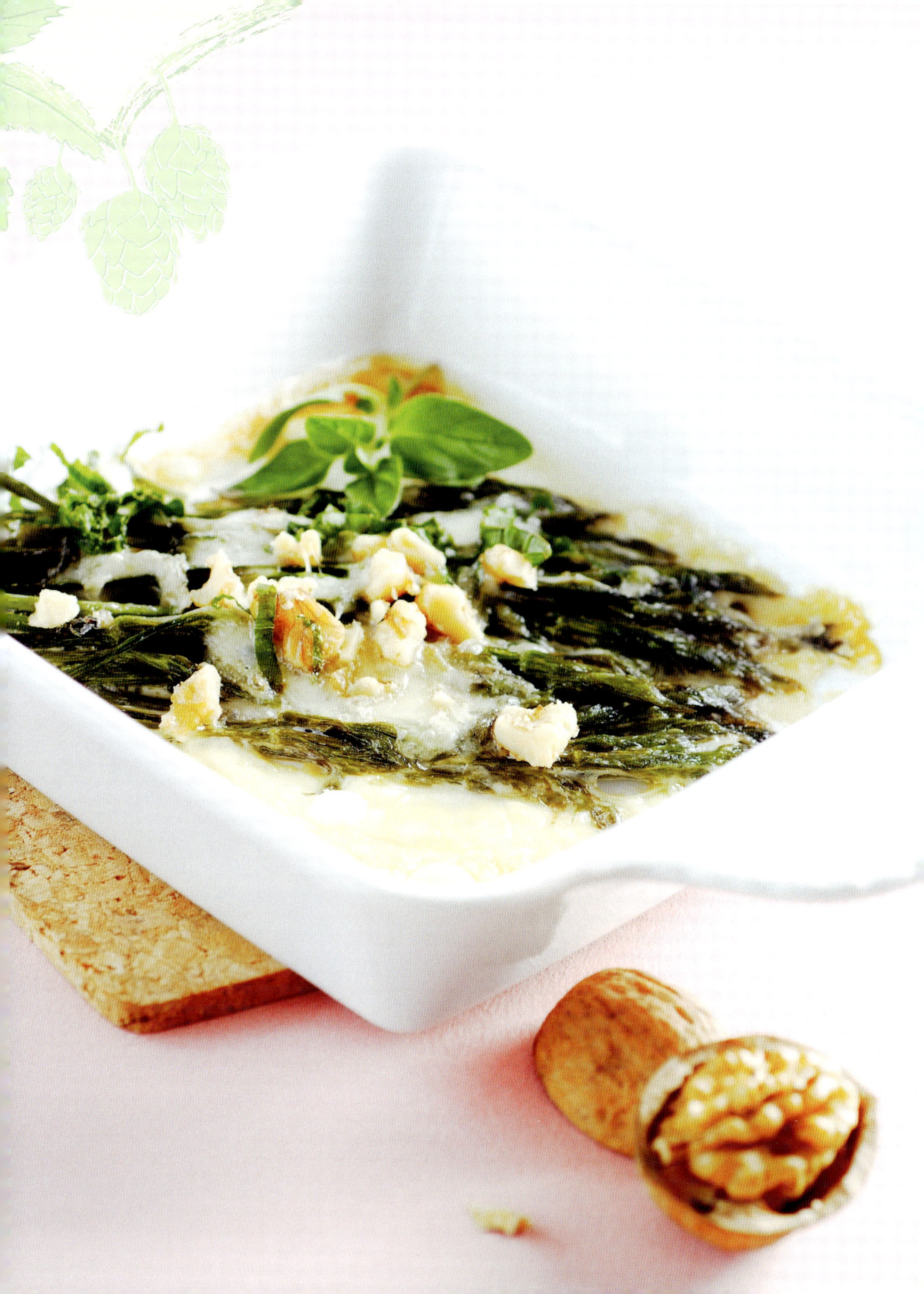

Spaghetti mit Hopfentrieben und Zitronenrahmsauce

für 2 bis 3 Personen als Mahlzeit

250 g Spaghetti
1–2 Handvoll Hopfentriebe

Sauce
20 g Butter
1 unbehandelte Zitrone, abgeriebene Schale und 2 TL Saft
1½ dl/150 ml Weißwein
2 dl/200 ml Rahm/Sahne oder halb Rahm/Sahne und halb Milch
2–3 EL geriebener Parmesan
Salz
frisch geriebener Pfeffer
1 Prise Zucker

1–2 EL geröstete Pinienkerne

1 Spaghetti in reichlich Salzwasser al dente kochen, die Hopfentriebe die letzten 1 bis 2 Minuten mitkochen, abgießen.
2 Für die Sauce Butter in einer Pfanne schmelzen, Zitronenschale kurz andünsten, mit dem Weißwein ablöschen, aufkochen, bei schwacher Hitze 5 Minuten köcheln lassen, Rahm beigeben, auf die gewünschte Konsistenz einköcheln lassen, Parmesan unterrühren, abschmecken mit Salz, Pfeffer, Zucker und Zitronensaft.
3 Spaghetti zur Sauce geben, alles gut mischen, erhitzen. Anrichten. Geröstete Pinienkerne darüberstreuen.

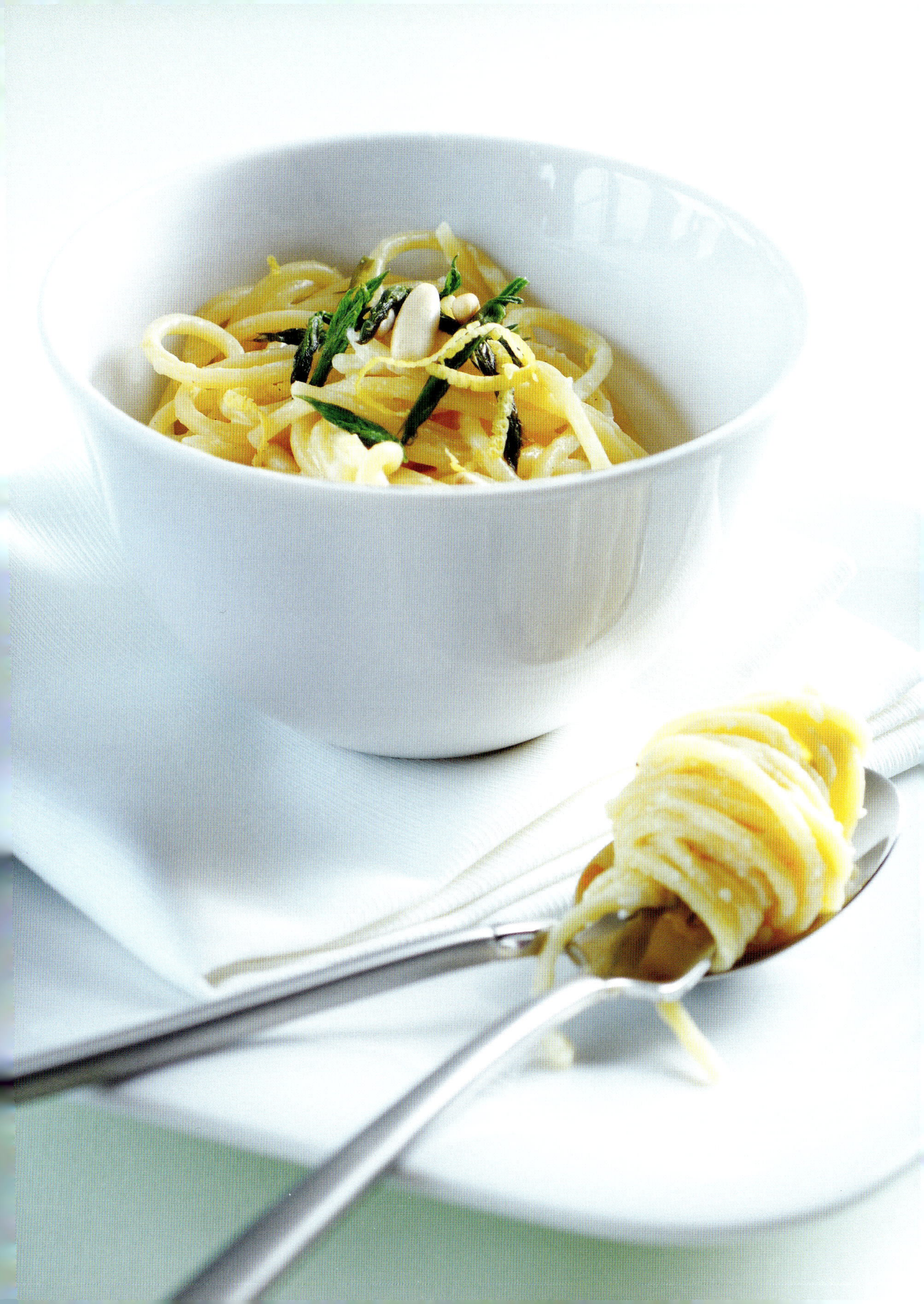

Penne mit Hopfentrieben

für 4 Personen als Mahlzeit

400 g Penne
2–3 Handvoll Hopfentriebe
2 EL Olivenöl extra vergine
20 g geschälte Mandeln oder Pistazien,
  gehackt
glattblättrige Petersilie,
  fein gehackt
Salz
frisch gemahlener Pfeffer
Muskatnuss
25 g geriebener Sbrinz
25 g Sbrinzspäne

1 Die Penne in reichlich Salzwasser al dente kochen, mit dem Schaumlöffel herausnehmen.
2 Die Hopfentriebe im Penne-Kochwasser 1 Minute blanchieren, abgießen. Abtropfen lassen, dann im Olivenöl kurz braten, herausnehmen.
3 Die Mandeln im Öl leicht rösten, die Hopfentriebe zugeben und kurz wenden. Penne und Kräuter zugeben, mischen, warm werden lassen, würzen. Geriebenen Käse untermischen. Anrichten. Mit den Sbrinzspänen garnieren.

Wildkräuterpfanne mit Hopfentrieben

für 2 Personen als Mahlzeit

20 g Butter
1 kleine Zwiebel, fein gewürfelt
1 roter Peperone/Paprikaschote
1 Handvoll Bärlauchknospen
4 Handvoll gekeimte Sprossen
  von Hülsenfrüchten
2 Handvoll Hopfentriebe
1 Handvoll Löwenzahn oder
  Rucola, in Streifen
Salz
frisch gemahlener Pfeffer
wenig frisch geriebener Ingwer

1 Die Hopfentriebe in 5 cm lange Stücke schneiden. Peperone halbieren, Stielansatz, Kerne sowie weiße Rippen entfernen, die Schotenhälften in 2 cm große Vierecke schneiden.
2 Zwiebeln im Wok oder in einer Bratpfanne in der Butter andünsten, Peperoni und Bärlauchknospen 4 Minuten mitdünsten, Hülsenfrüchtesprossen mitdünsten. Hopfentriebe 1 bis 2 Minuten mitdünsten, Löwenzahnblätter nur kurz mitdünsten. Das Gemüse sollte noch knackig sein. Pikant würzen mit Salz, Pfeffer und wenig frisch geriebenem Ingwer.

Serviervorschlag Mit Basmati- oder Wildreis servieren.

Abbildung

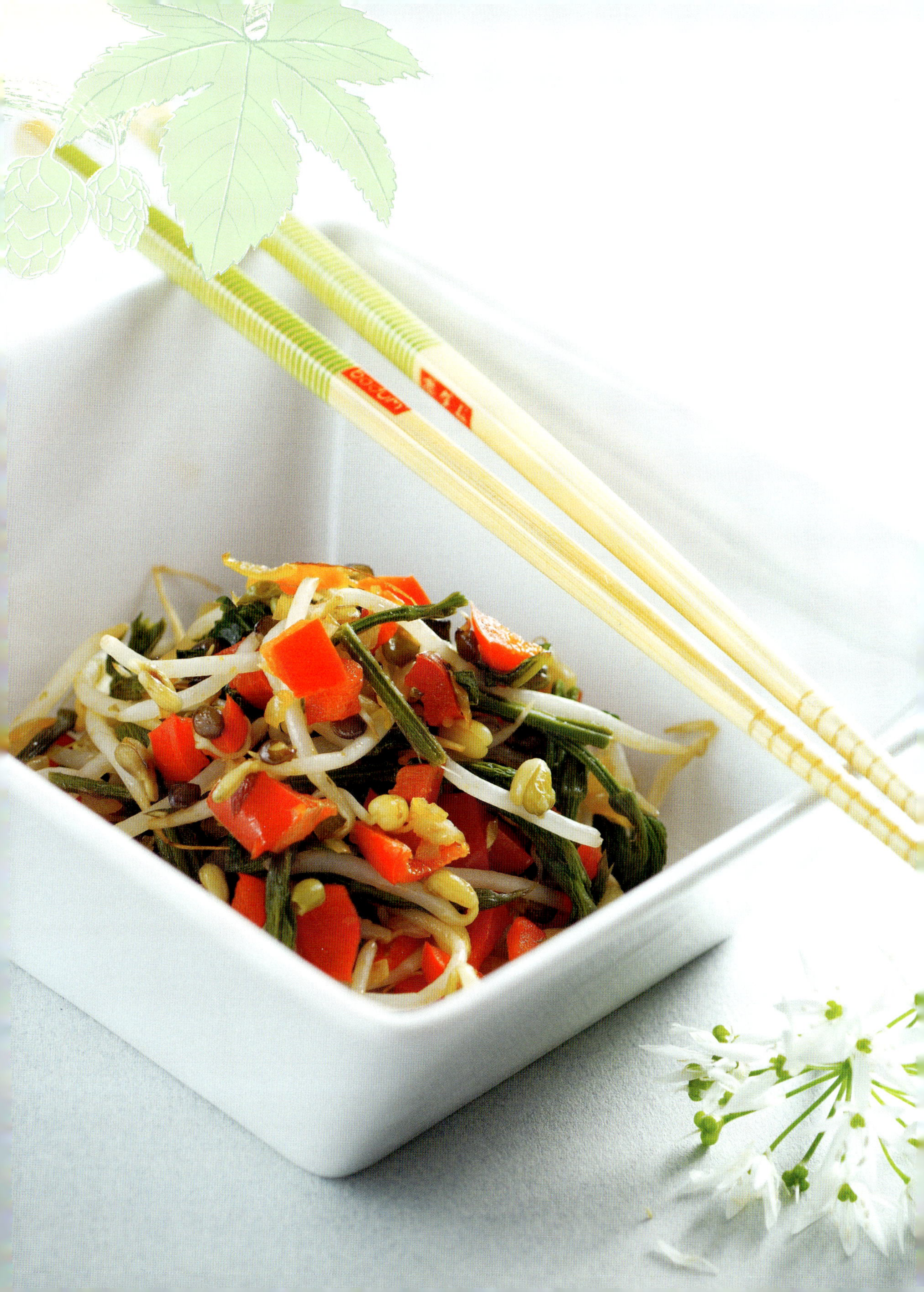

Schwedisches Kartoffelpüree mit Hopfentrieben

für 4 Personen als Mahlzeit

1 kg mehlig kochende Kartoffeln
1½–2 dl/150–200 ml warme Milch
Salz
frisch gemahlener Pfeffer
Muskatnuss
20 g Butter
100 g Rucola, in Streifen
2 Handvoll Hopfentriebe, zerkleinert
150 g entsteinte schwarze Oliven, in Ringen

1 Kartoffeln schälen und in Würfelchen schneiden, im Dampf weich garen. Noch heiß durch das Passevite/ die Flotte Lotte drehen. Warme Milch unterrühren, würzen.
2 Rucola und Hopfentriebe in der Butter andünsten.
3 Kräuter und Oliven unter das Kartoffelpüree rühren, nochmals erhitzen.

Servierschlag Zu gedünstetem Fisch servieren.

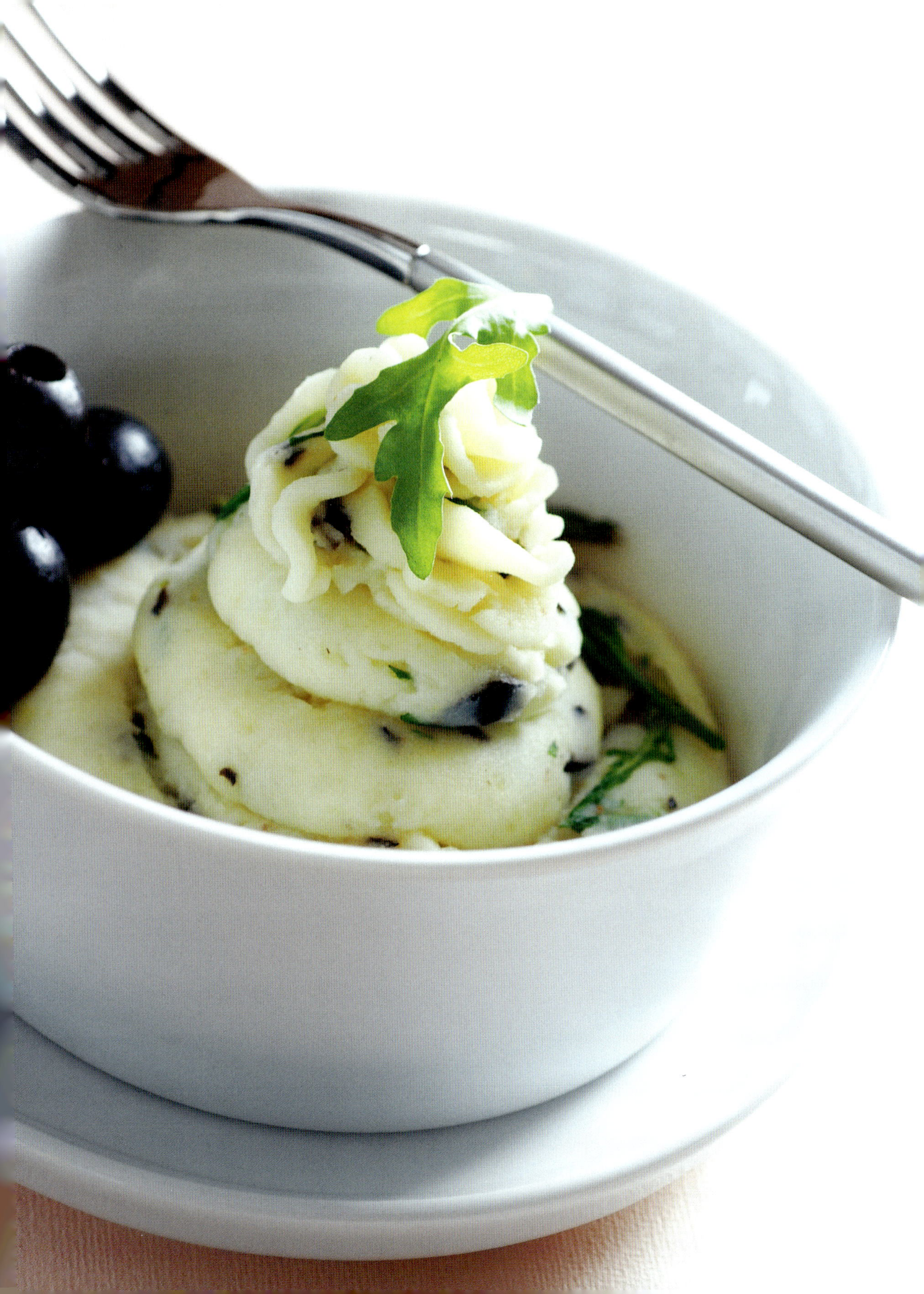

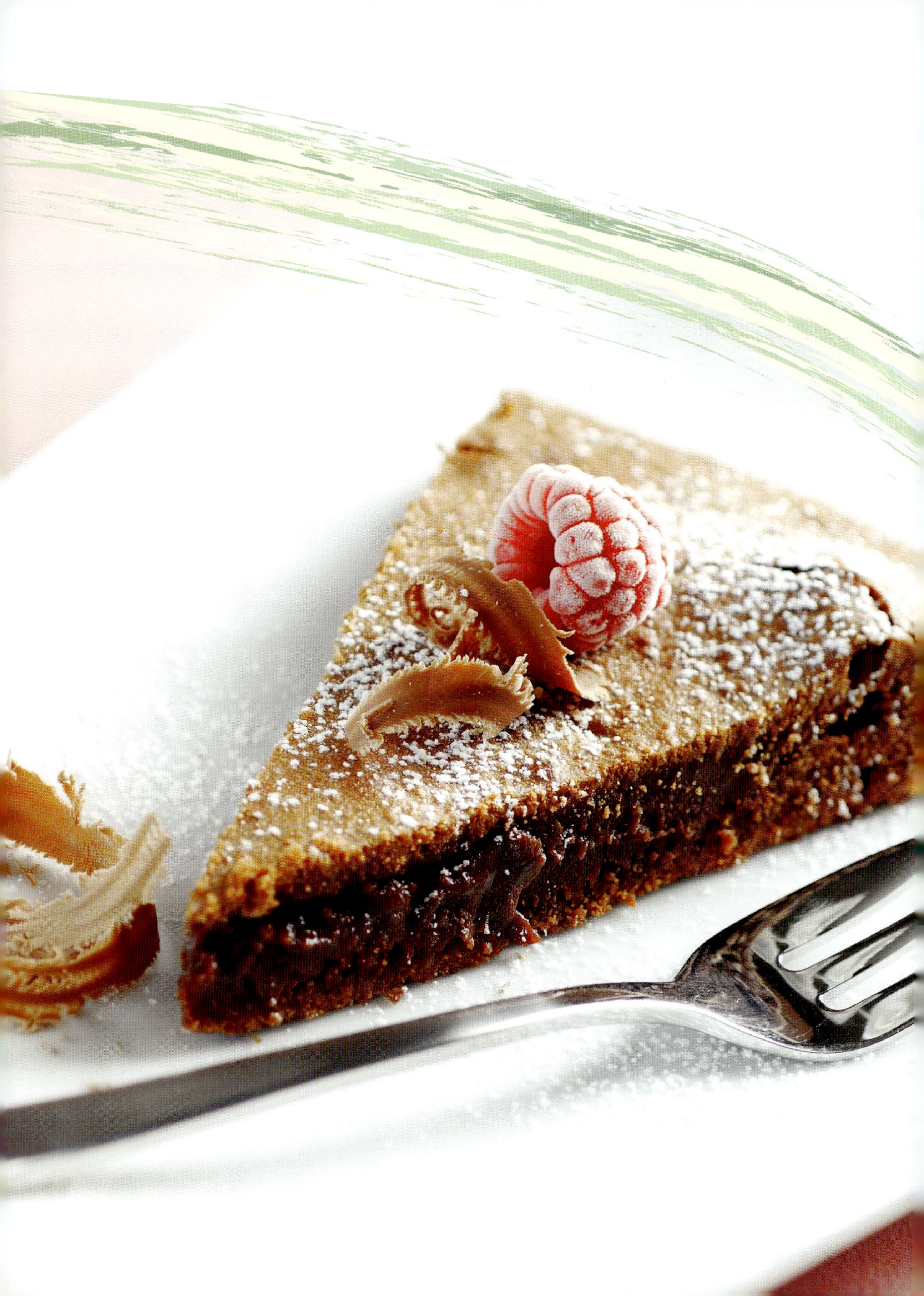

Desserts und Gebäck

Herb-süße Haselnusskugeln

3 Freilandeier
250 g Rohrohrzucker
2 EL Hopfendoldenpulver
    (getrocknete, im Mörser
    fein zerstoßene Dolden/Zapfen)
120 g Schokoladenpulver
80 g Kakaopulver
300 g geriebene Haselnüsse
3 EL Maisstärke

Puderzucker, nach Belieben

1 Eier und Rohrohrzucker zu einer luftigen, cremigen Masse aufschlagen, Hopfendoldenpulver unterrühren. Schokoladenpulver und Kakao dazusieben, unterrühren. Haselnüsse und Maisstärke mischen und unterrühren.
2 Aus der Nussmasse nussgroße Kugeln formen. Weil die Masse klebrig ist, Hände immer wieder kalt abspülen. Die Nusskugeln mit genügend Abstand auf ein mit Backpapier belegtes Blech legen und bei Zimmertemperatur 6 Stunden oder über Nacht trocknen lassen.
3 Backofen auf 250 °C vorheizen.
4 Blech in der Mitte in den Ofen schieben, Kugeln bei 250 °C 3 bis 5 Minuten backen – die Kugeln sollten an der Oberfläche nur leicht springen.
5 Die Nusskugeln nach Belieben in Puderzucker wenden.

Hopfenlikör-Schokoladeneis

1 Eigelb von einem Freilandei
90 g Zucker
50 g Kakaopulver
½ l Rahm/Sahne
1 dl/100 ml Milch
4 EL Hopfenlikör, Seite 84

Hopfenlikör
    zum Beträufeln, Seite 84

1 Alle Zutaten mit dem Mixer rühren, bis sich der Zucker aufgelöst hat. Die Creme mindestens 3 Stunden kühl stellen.
2 Kakaocreme in der Eismaschine gefrieren lassen. Oder die Creme in eine Vorratsdose füllen und im Tiefkühler gefrieren lassen, alle 30 Minuten rühren, damit sich keine großen Eiskristalle bilden können.
3 Das Eis portionieren, mit dem Hopfenlikör beträufeln.

Zum Aroma Das bittere Aroma des Kakaos und die herbe Süße des Hopfenlikörs ergänzen sich wunderbar.

Abbildung

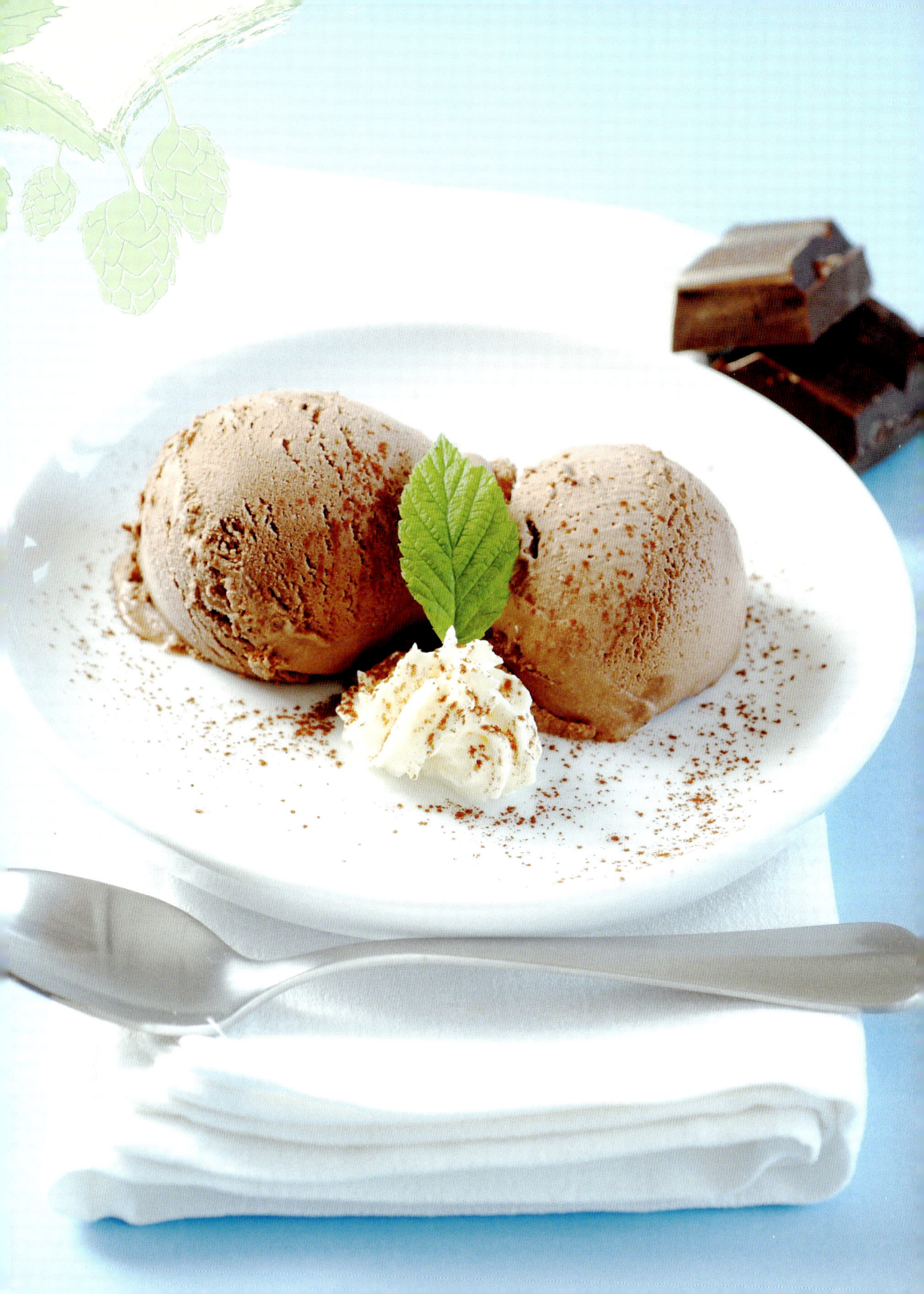

Hopfenlikör-Parfait

für 8 Portionen

3 Freilandeier
90 g Zucker
½ TL Vanillepaste
6 EL Hopfenlikör, Seite 84
3 dl/300 ml Rahm/Sahne
1 Prise Salz
1 EL Zucker

1. Eier trennen. Eigelbe und Zucker zu einer cremigen, hellen Masse aufschlagen. Vanillepaste und Hopfenlikör unterrühren.
2. Den Rahm steif schlagen.
3. Das Eiweiß mit der Prise Salz fast steif schlagen, Zucker zugeben, Masse zu Schnee schlagen.
4. Den Schlagrahm unter die Eigelbmasse ziehen, Eischnee unterheben, mit dem Schneebesen sorgfältig mischen. Hopfenlikör-Parfait in eine Vorratsdose füllen. Mindestens 8 Stunden tiefkühlen.

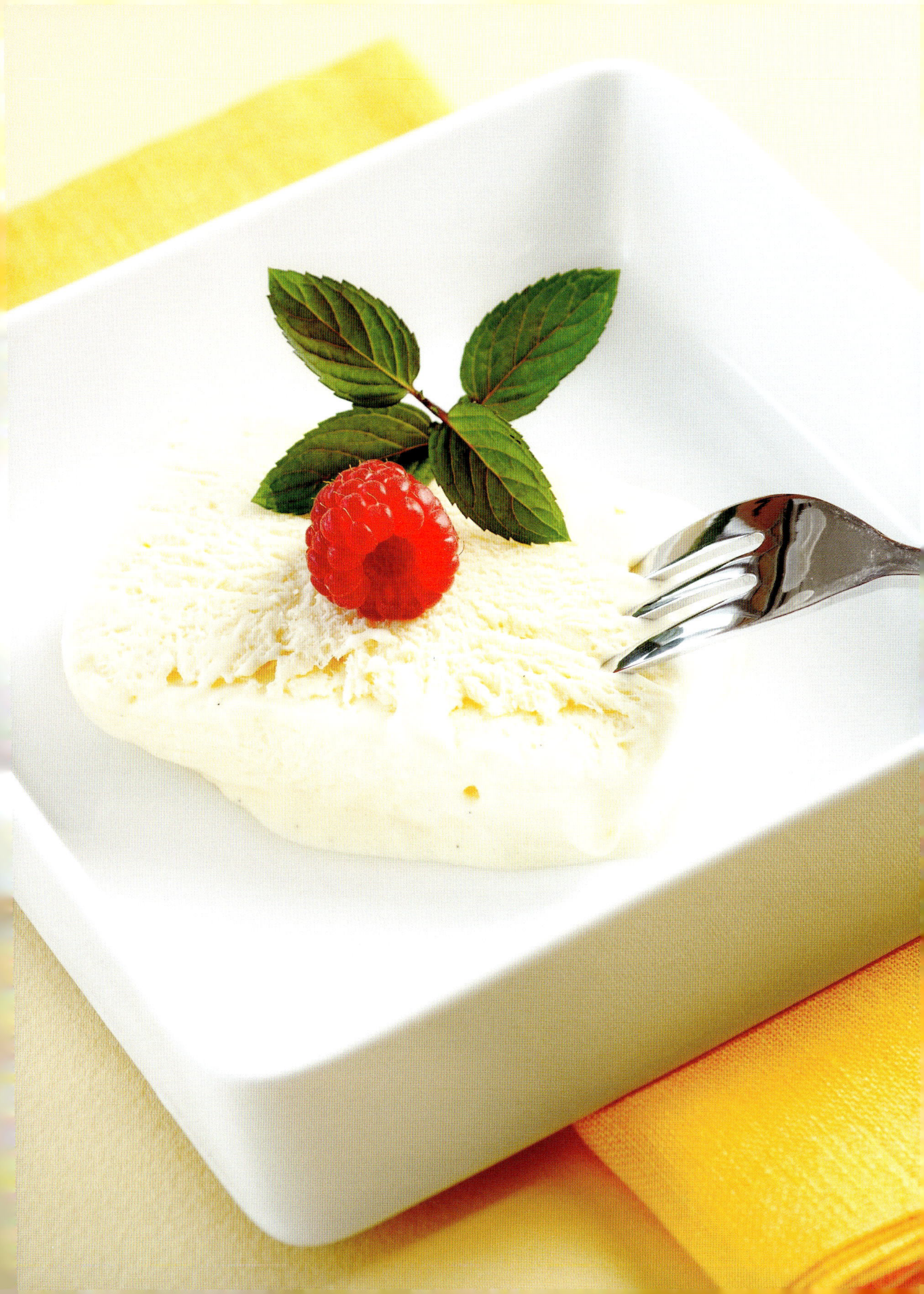

Hopfenlikör-Schokoladenmousse

für 4 bis 6 Portionen

100 g Zartbitter-Schokolade
1 EL Wasser
2 Freilandeier
1 Prise Salz
2 EL Zucker
3 EL Hopfenlikör, Seite 84
2 dl/200 ml Rahm/Sahne

1 Die Schokolade zerbröckeln, mit dem Wasser in ein Schüsselchen geben und über dem warmen Wasserbad schmelzen, glatt rühren.
2 Die Eier trennen. Das Eiweiß mit der Prise Salz steif schlagen.
3 Den Rahm steif schlagen.
4 Die Eigelbe mit dem Zucker zu einer cremigen, hellen Masse aufschlagen. Flüssige Schokolade und Hopfenlikör unterrühren. Eischnee und Schlagrahm unterziehen. Schokoladenmousse mindestens 3 Stunden kühl stellen.

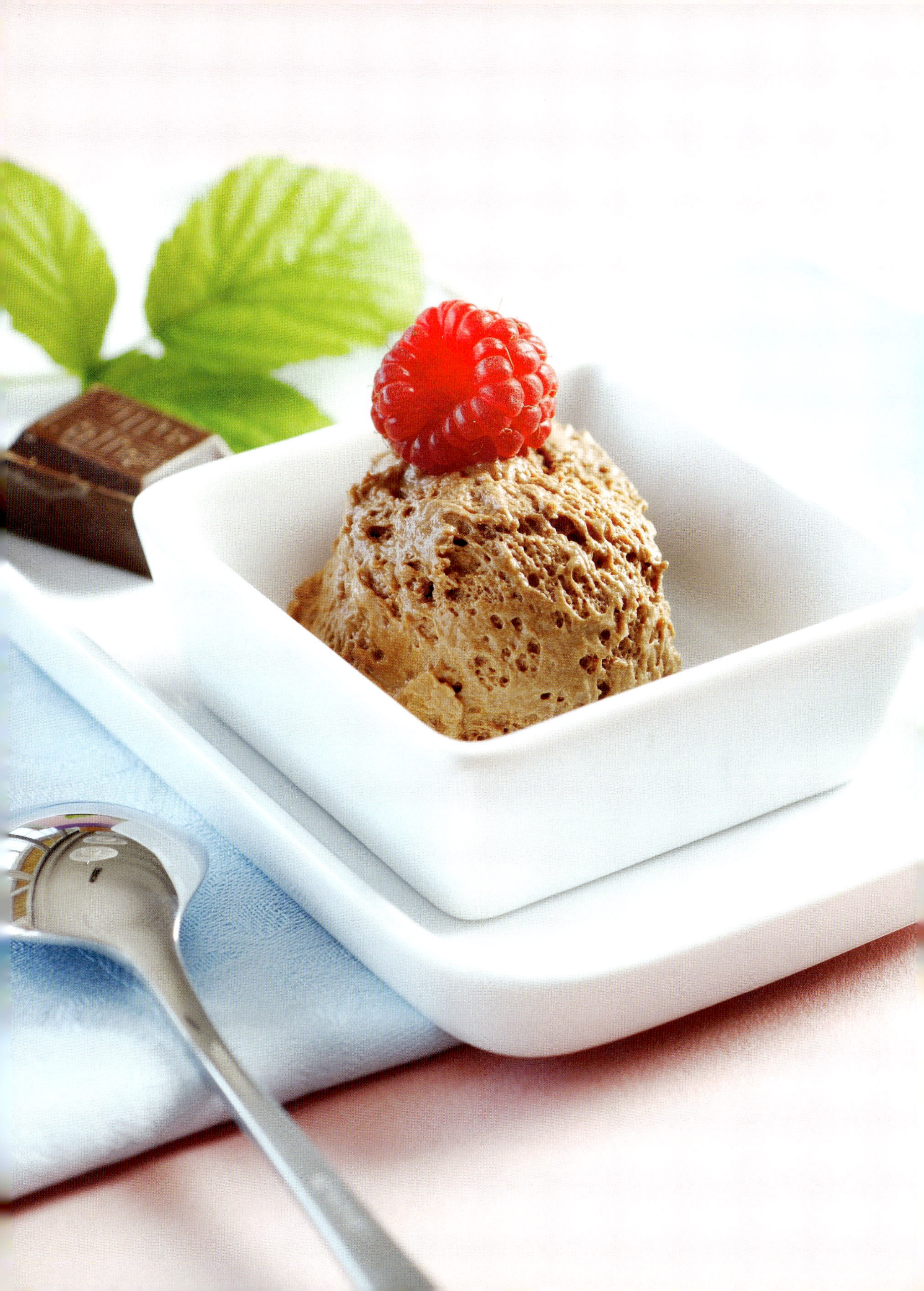

Hopfentinktur-Schokoladenkugeln

für 30 Kugeln

50 g weiche Butter
175 g Zartbitter-Schokolade
2 EL Hopfentinktur, Seite 94

dunkle Schokoladenstreusel

1 Die Schokolade auf der Bircherreibe reiben.
2 Die Butter zu einer luftigen, cremigen Masse aufschlagen, geriebene Schokolade und Hopfentinktur zugeben, sorgfältig verkneten.
3 Aus der Schokoladenmasse kleine Kugeln formen, in den Schokoladenstreuseln wenden. Schokoladenkugeln kühl stellen.
4 Die Schokoladenkugeln vor dem Essen 30 Minuten Raumtemperatur annehmen lassen.

Hopfenlikör-Pralinen

200 g Zartbitter-Schokolade
80 g Butter
1–2 EL Hopfenlikör, Seite 84

zum Wenden
Kakaopulver
Zimtpulver
Schokoladenstreusel
Puderzucker

1 Schokolade zerbröckeln, mit der Butter in einer Schüssel über dem warmen Wasserbad schmelzen, glatt rühren. Hopfenlikör unterrühren. Schokoladenmasse 20 bis 30 Minuten kühl stellen.
2 Schokomasse mit 2 Teelöffeln portionieren, mit angefeuchteten Händen Kugeln formen. Die Pralinen im Kakao- oder Zimtpulver, in den Schokostreuseln oder im Puderzucker wenden. Pralinen auf einen mit Backpapier belegten flachen Teller legen. Die Pralinen kühl stellen.

Tipp Die Pralinen im Kühlschrank aufbewahren. Innerhalb von 5 Tagen essen. Oder für den Vorrat tiefkühlen.

Abbildung

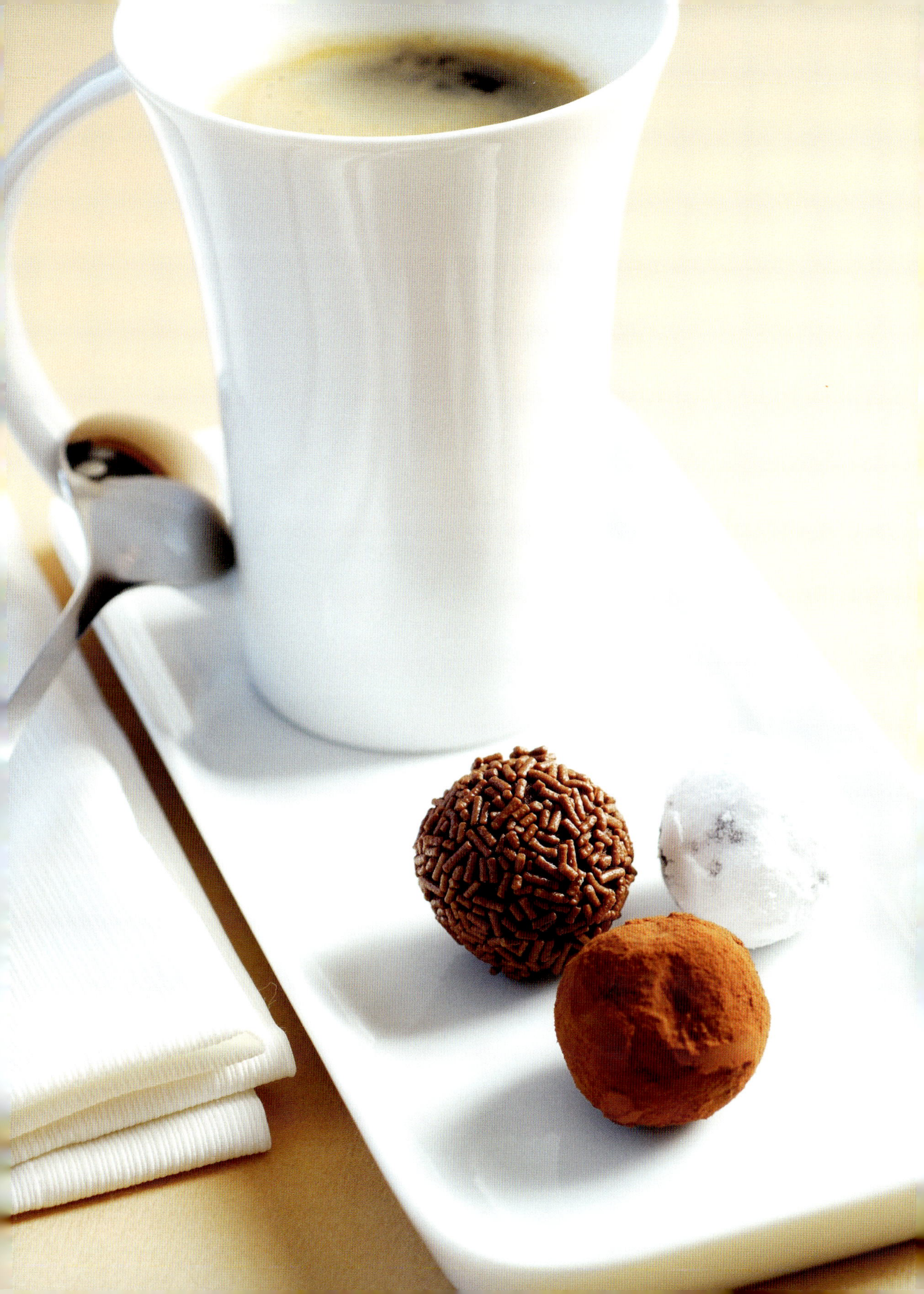

Orangentrifle mit Hopfenlikör

für 8 Portionen

500 g Magerquark
200 g Sauerrahm/saure Sahne oder Crème fraîche
6 EL Rohrohrzucker
½ TL Vanillepaste
2 dl/200 ml Rahm/Sahne
3 Bio-Orangen
1 EL Rohrohrzucker
3 EL Hopfenlikör, Seite 84

Rohrohrzucker
Mandelstifte

1 Den Rand der Gläser, in denen das Dessert serviert wird, mit Wasser befeuchten und in den Rohrohrzucker drücken; das gibt eine hübsche, glitzernde Garnitur.
2 Mandelstifte in wenig Rohrohrzucker karamellisieren.
3 Quark, Sauerrahm, Zucker und Vanillepaste mit dem Mixer aufschlagen, bis sich der Zucker aufgelöst hat. Schale einer Orange auf der Bircherraffel dazureiben. Steif geschlagenen Rahm unterziehen.
4 Die Orangen großzügig schälen, auch die weiße Haut entfernen. Die Fruchtfilets aus den Trennhäuten schneiden und entkernen, mit Rohrohrzucker und Hopfenlikör marinieren.
5 Quarkcreme und Orangenfilets abwechselnd in die Gläser füllen. Mit den karamellisierten Mandelstiften garnieren.

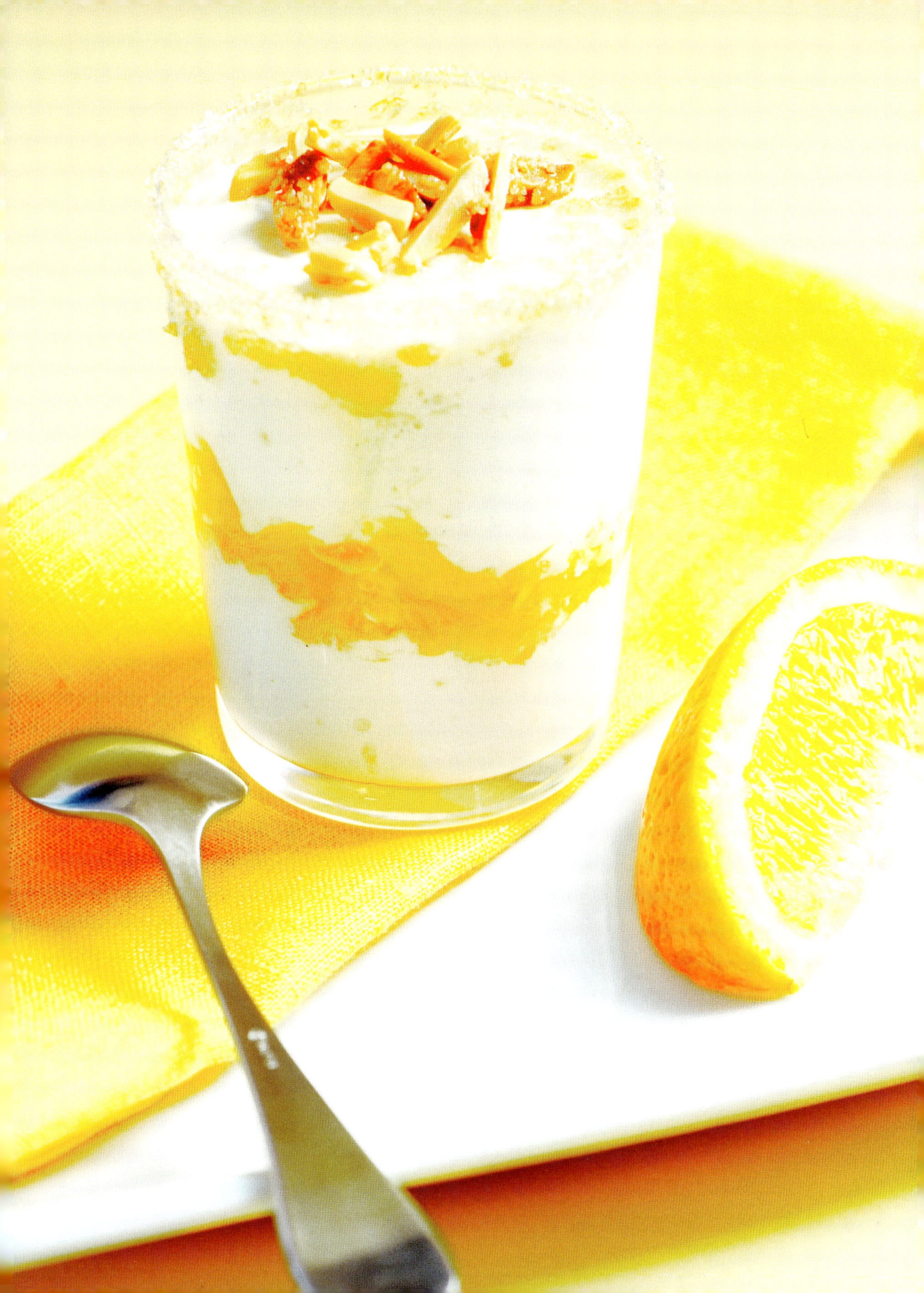

Ruths Schokoladenkuchen

**für ein Kuchenblech
von 27 cm Durchmesser**

200 g Zartbitter-Schokolade
150 g Butter
3 Freilandeier
100 g Zucker
1 Prise Salz
4 EL Hopfenlikör, Seite 84
125 g Weißmehl

1. Den Backofen auf 220 °C vorheizen. Den Boden der Form mit Backpapier belegen.
2. Schokolade in Stücke brechen, mit der Butter in eine Schüssel geben und über dem warmen Wasserbad schmelzen, glatt rühren.
3. Eier, Zucker und die Prise Salz zu einer cremigen, luftigen Masse aufschlagen, Hopfenlikör und Schokomasse unterziehen. Das Mehl dazusieben und vorsichtig unterziehen. Den Teig in die vorbereitete Form füllen.
4. Die Form in der Mitte in den Ofen schieben, Schokokuchen bei 220 °C 6 bis 7 Minuten backen. Der Kuchen soll in der Mitte noch leicht feucht sein.

Tipps Dieser schnell zubereitete Schokoladenkuchen schmeckt wunderbar zu einem Glas Rotwein. Er kann sogar noch gebacken werden, wenn der Besuch schon da ist!

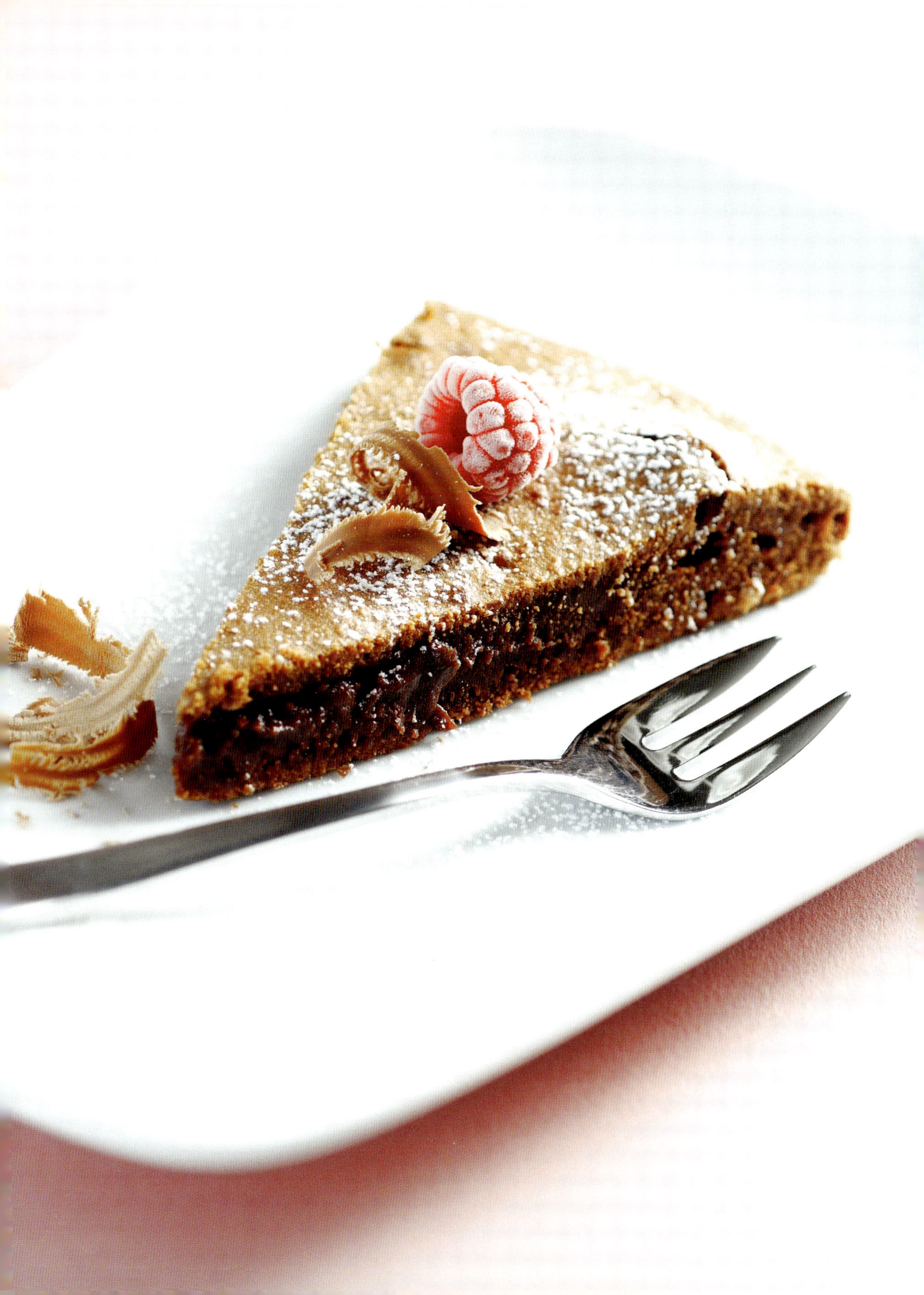

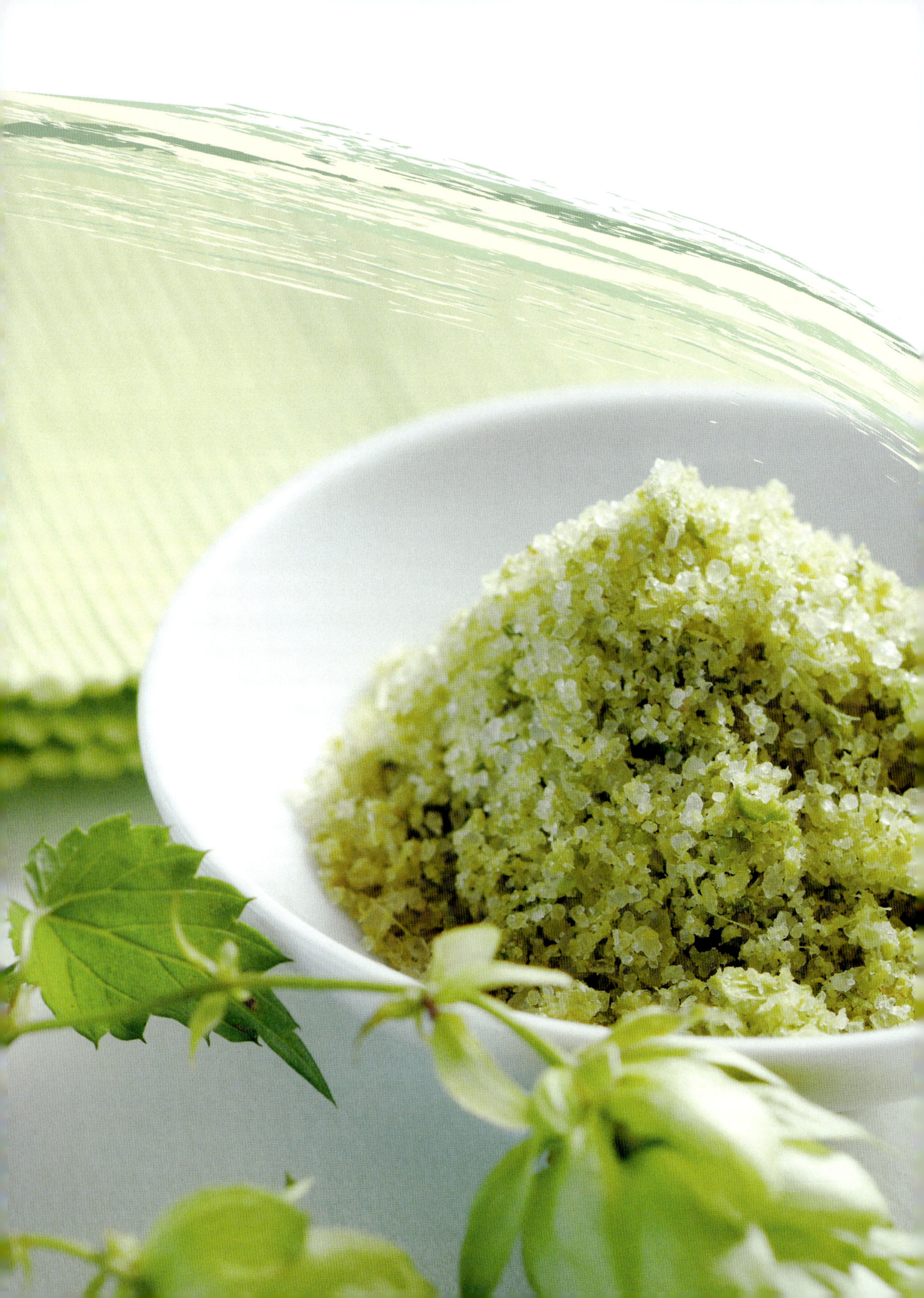

Basics

Hopfenchutney

4 mittelgroße Zwiebeln,
  klein gewürfelt
200 g Zucchini
12 Zwetschgen oder Pflaumen
1 großes Stück Ingwer
14 frische Hopfendolden (-zapfen)
2 Gravensteiner oder
  andere säuerliche Äpfel
2 EL Rosinen
4 EL Rohrohrzucker
2 EL weißer Balsamico
wenig Cayennepfeffer
1 TL Salz

1 Zucchini auf beiden Seiten kappen, klein würfeln. Zwetschgen halbieren, Steine entfernen, Stielansatz keilförmig herausschneiden, Fruchthälften in Streifen schneiden. Hopfendolden klein schneiden. Äpfel ungeschält vierteln, entkernen, Fruchtviertel in Würfelchen schneiden.
2 Sämtliche Zutaten aufkochen, Chutney bei schwacher Hitze zugedeckt rund 30 Minuten köcheln, immer wieder rühren.
3 Hopfenchutney kochend heiß in kleine Gläser mit Schraubverschluss füllen, verschließen.

Haltbarkeit Bei dunkler, kühler Lagerung 1 Jahr.

Verwendung Das Hopfenchutney passt zu Raclette, Gschwellti (Schalenkartoffeln), Sauerbraten und A-la-minute-Fleisch.

Hopfen-Nachtkerzenblüten-Butter

250 g weiche Butter
½ Handvoll frische Hopfendolden
  (-zapfen)
2 Handvoll Nachtkerzenblüten
1 TL Meersalz
wenig Pfeffer
1 Bio-Zitrone, abgeriebene Schale

1 Die Hopfendolden fein schneiden. Nachtkerzenblüten auf Ungeziefer kontrollieren. Blütenblätter abzupfen, fein schneiden.
2 Hopfen und Nachtkerzenblüten unter die weiche Butter rühren, mit Salz, Pfeffer und Zitronenschale würzen.

Verwendung Zum Aperitif als Aufstrich für Toast- und Vollkornbrot und Vollkorncrackers. Zu gegrilltem Fleisch.

Abbildung

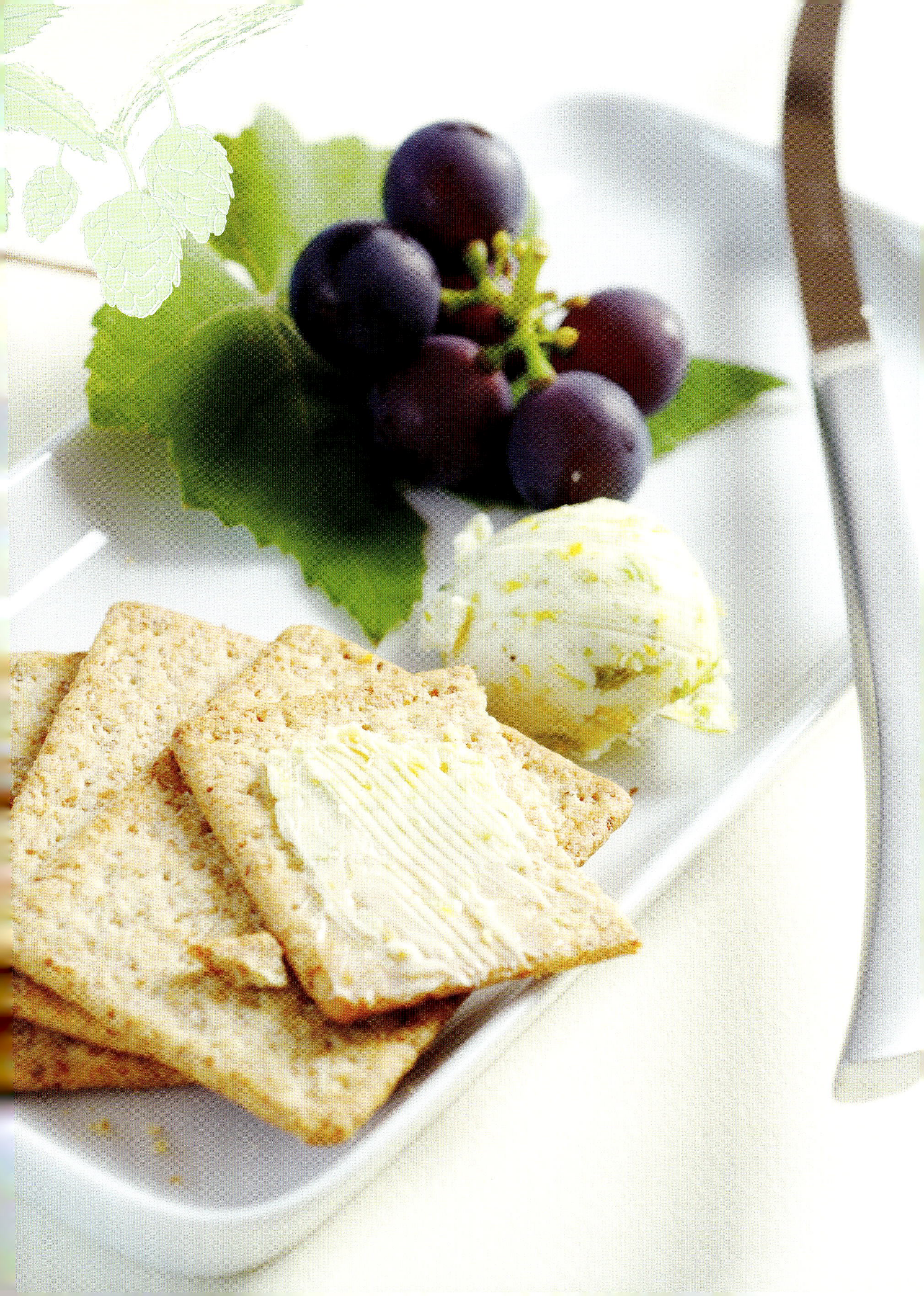

Hopfenöl

10 leicht angetrocknete
  Hopfendolden (-zapfen)
½ TL Meersalz
ein paar schwarze, grüne und
  rote Pfefferkörner
1 l Distelöl oder Rapsöl oder Sonnenblumenöl, Bio-Qualität

1 Hopfendolden, Salz und Pfefferkörner in eine genügend große Flasche füllen, mit dem Öl auffüllen. 6 bis 7 Tage zugedeckt stehen lassen. Das Öl sieben.
2 Das Hopfenöl in kleine, dunkle Flaschen füllen. Kühl und vor Licht geschützt aufbewahren.

Verwendung Das Hopfenöl passt mit seinem zartbitteren Geschmack zu Blattsalaten.

Haltbarkeit: 6 Monate

Abbildung links

Hopfenessig

1 l Bio-Apfelessig
15–20 leicht angetrocknete
  Hopfendolden (-zapfen)
1 TL gemischte Pfefferkörner
  (grün, schwarz und rosa)
1–2 TL Akazienblütenhonig

1 Hopfendolden und Pfefferkörner in eine genügend große Flasche füllen, mit dem Apfelessig auffüllen. Zugedeckt bei 24 °C 2 Wochen ziehen lassen. Sieben.
2 Den Honig im Essig auflösen.
3 Hopfenessig in kleine, dunkle Flaschen füllen. Kühl und vor Licht geschützt aufbewahren.

Verwendung Der Hopfenessig ist Basis der Salatsauce. Er passt gut zu Blattsalaten und gibt einer Wildfleischmarinade eine spezielle Note.

Haltbarkeit 1 Jahr

Abbildung rechts

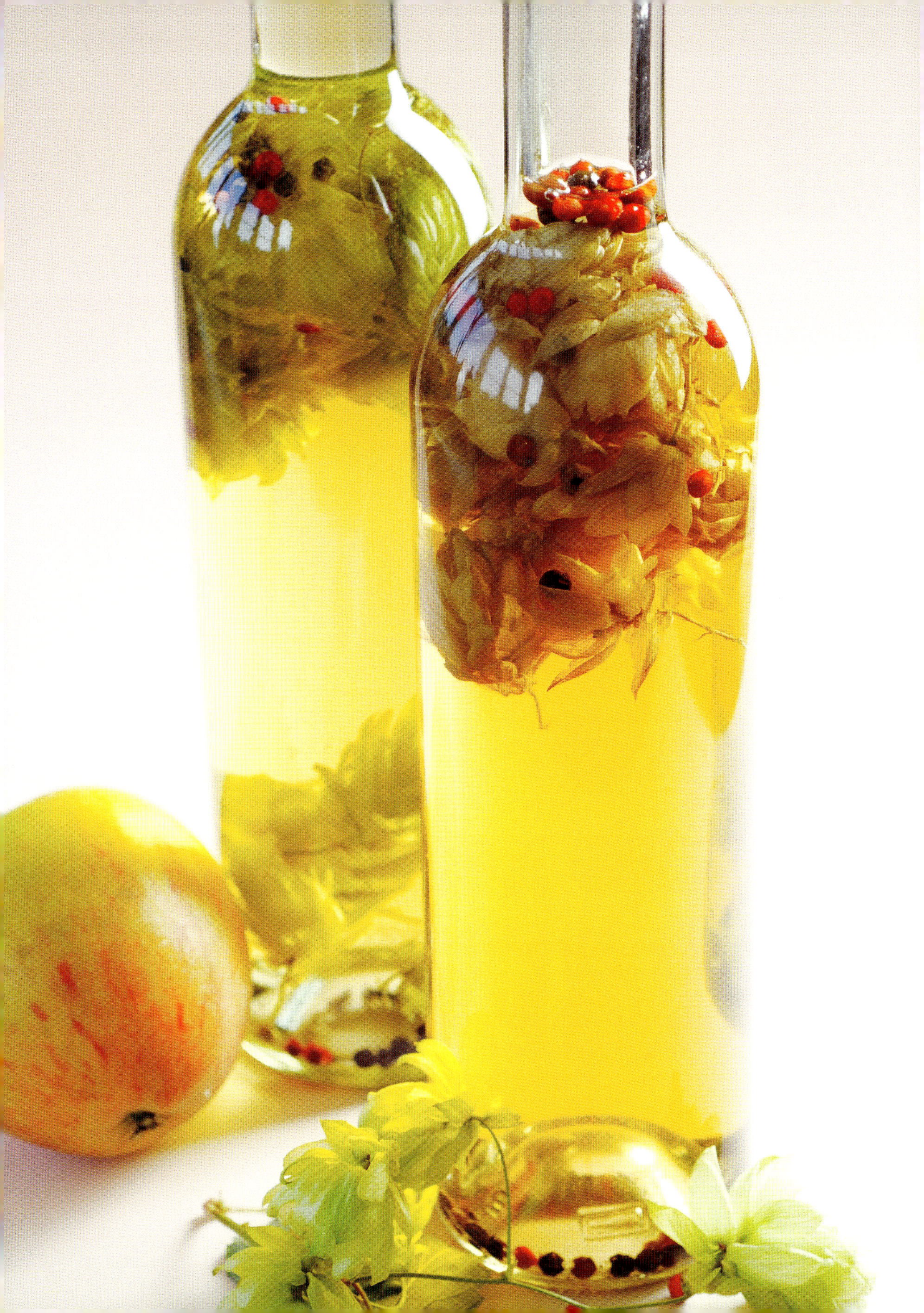

Hopfensenf

250 g gelbe Senfkörner
50 g schwarze Senfkörner
1 Handvoll Basilikumblätter,
   fein geschnitten
2 TL geriebener Ingwer
125 g Zucker
1 TL Salz
3 dl/300 ml Obstessig
2 dl/200 ml Weißwein
10 frische Hopfendolden (-zapfen),
   fein geschnitten, oder 15 getrocknete
   Dolden (Zapfen), im Mörser zerstoßen

1. Senfkörner im Mörser fein anmörsern.
2. Senfsaat, Basilikum, Ingwer, Zucker und Salz mischen. Essig und Weißwein erhitzen, zur Senfmischung geben. Abkühlen lassen. Hopfendolden unterrühren.
3. Hopfensenf in kleine Gläser mit Schraubverschluss füllen. Kühl lagern.

Verwendung Der Hopfensenf passt gut zu Brüh-/Weißwurst. Dazu Bauernbrot und ein Glas Bier servieren.

Haltbarkeit 3 bis 4 Monate; kühl lagern.

Hopfensalatsauce

1 dl/100 ml Hopfenessig, Seite 74
3 dl/300 ml Rapsöl oder Distelöl,
   Bio-Qualität
½ dl/50 ml Apfelsaft oder Wasser
1 TL Hopfensalz, Seite 78, oder
   Meersalz
½ TL Rohrohrzucker
frisch gemahlener Pfeffer
   nach Belieben
1 TL Senf
1 Prise Curry
½ Bio-Zitrone, abgeriebene Schale
4 frische Hopfendolden (-zapfen),
   fein geschnitten
1 Knoblauchzehe, durchgepresst

Essig, Öl, Apfelsaft und alle Gewürze verrühren, Zitronenschale, Hopfendolden und Knoblauch unterrühren.

Haltbarkeit Im Kühlschrank 2 Wochen.

Abbildung

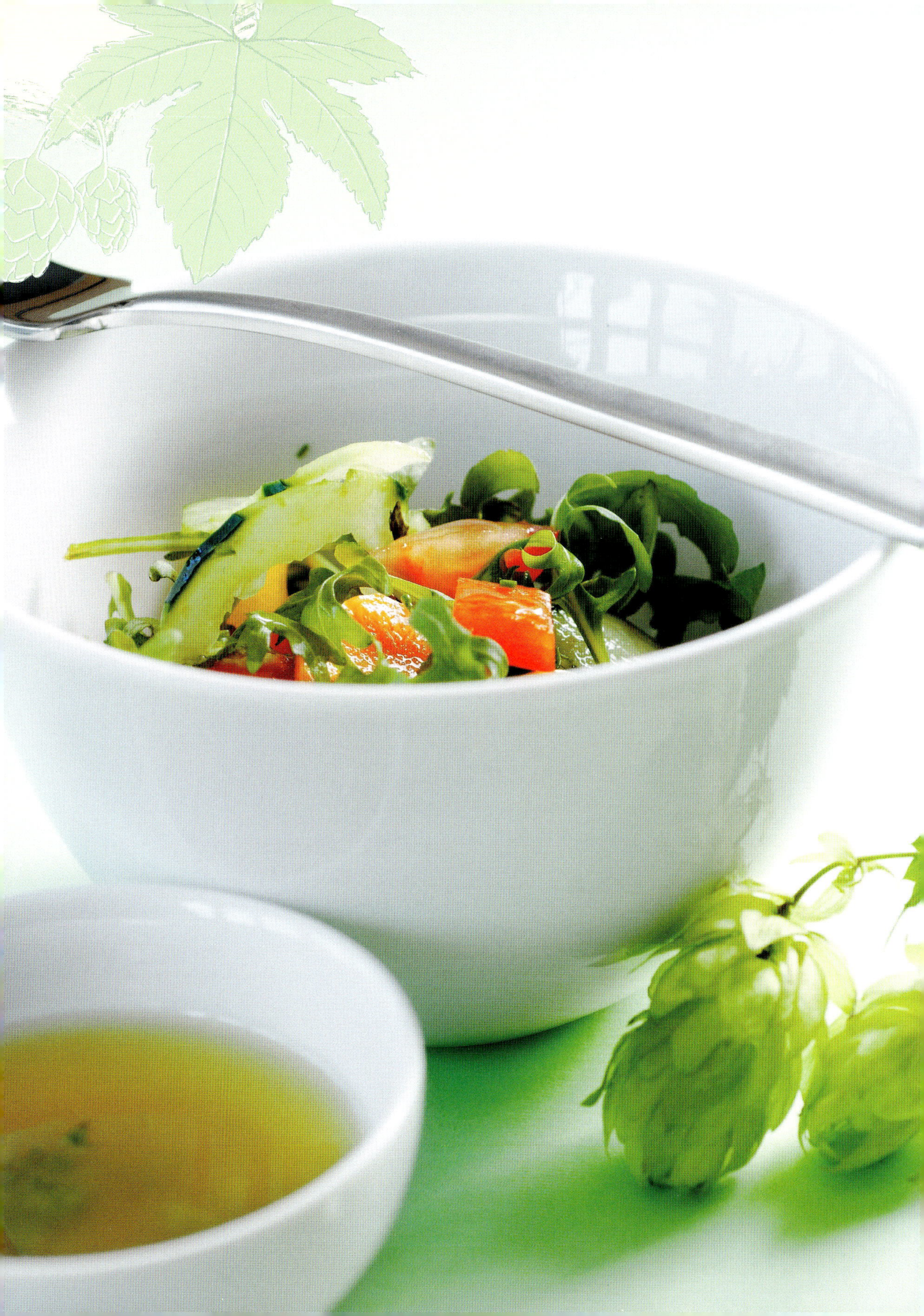

Hopfengelee

1 l Wasser
4 EL getrocknete Hopfendolden (-zapfen)
1 EL getrocknete Hibiskusblüten
400–500 g Zucker
10 g Zitronensäure
50 g Geliermittel

1. Wasser aufkochen, über die Hopfendolden und die Hibiskusblüten gießen. Zucker und Zitronensäure beigeben und unter Rühren auflösen. Einen Tag stehen lassen. Sieben.
2. Sirup und Geliermittel unter Rühren aufkochen, gemäß Packungsbeschrieb kochen. Gelee kochend heiß in Gläser mit Schraubverschluss füllen, verschließen.
3. Dieses leuchtend dunkelrote, leicht bitter schmeckende Gelee gibt Wildgerichten eine besondere Note. Ersetzt das Preiselbeerkompott/-gelee.

Haltbarkeit Bei kühler, dunkler Lagerung 1 Jahr.

Hopfensalz

ca. 20 frische Hopfendolden (-zapfen)
100 g grobes Meersalz

Hopfendolden und Salz fein hacken.

Verwendung Zum Würzen von Gemüse, Salatsaucen und Brotteig. Die Speise bekommt eine leicht bittere Note.

Tipp Damit das Salz die schöne grüne Farbe behält, muss es kühl und vor Licht geschützt aufbewahrt werden.

Haltbarkeit 1 Jahr.

Hopfensprossen

250 g Hopfensprossen, gut gewaschen
3–4 dl/300–400 ml Wasser
je 1 TL Salz und Essig
1 feine Scheibe Bio-Zitrone

1. Sprossen 1 bis 2 Minuten blanchieren, abgießen und mit kaltem Wasser abkühlen.
2. Die Sprossen in kleine Sterilisiergläser (mit Gummiring, Deckel, je nach Fabrikat mit loser Klammer) füllen. Wasser, Salz, Essig und Zitrone aufkochen, über die Sprossen gießen, Gläser verschließen. Bei 98 °C 60 Minuten sterilisieren. Gläser auf dem Kopf auskühlen lassen.

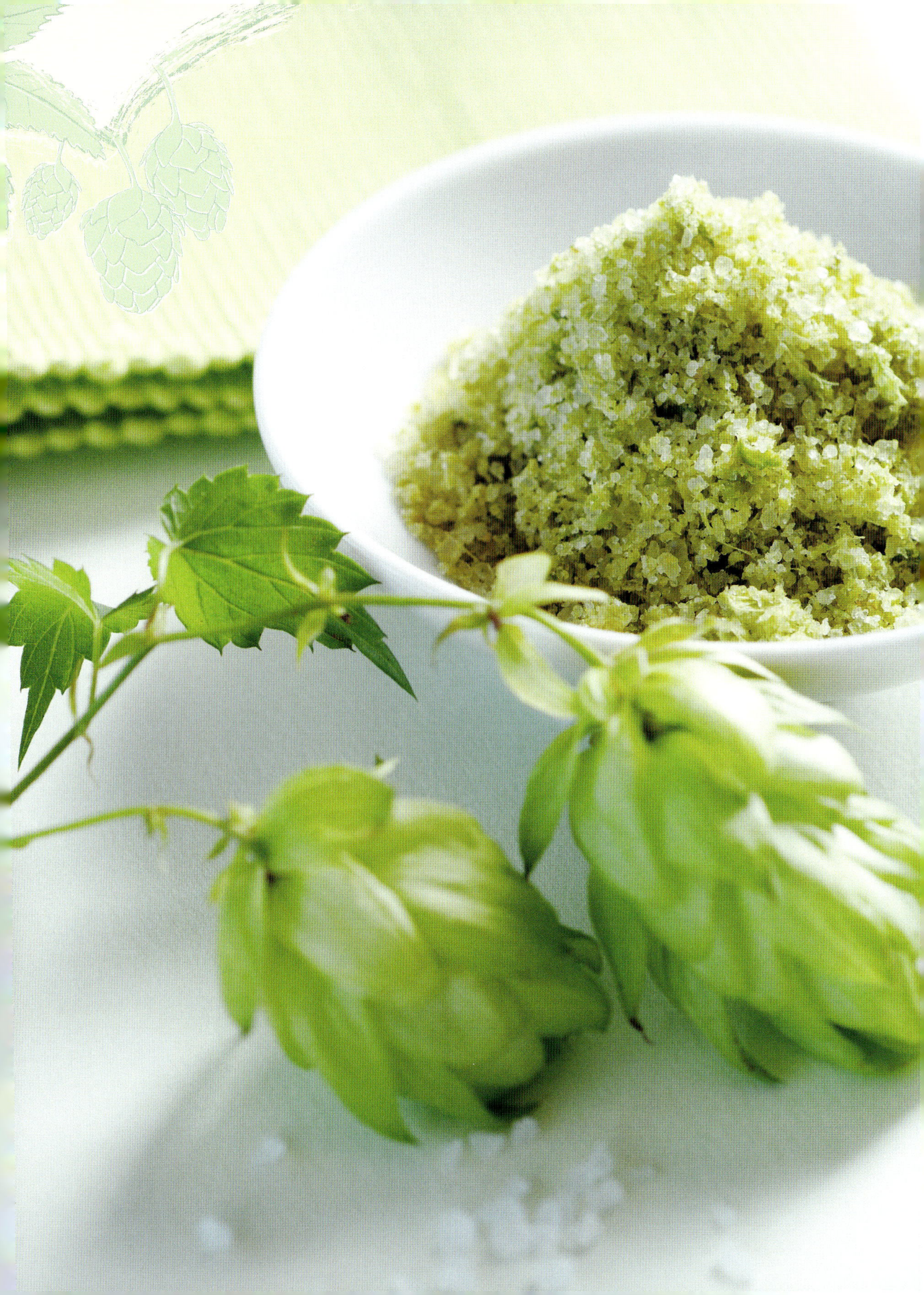

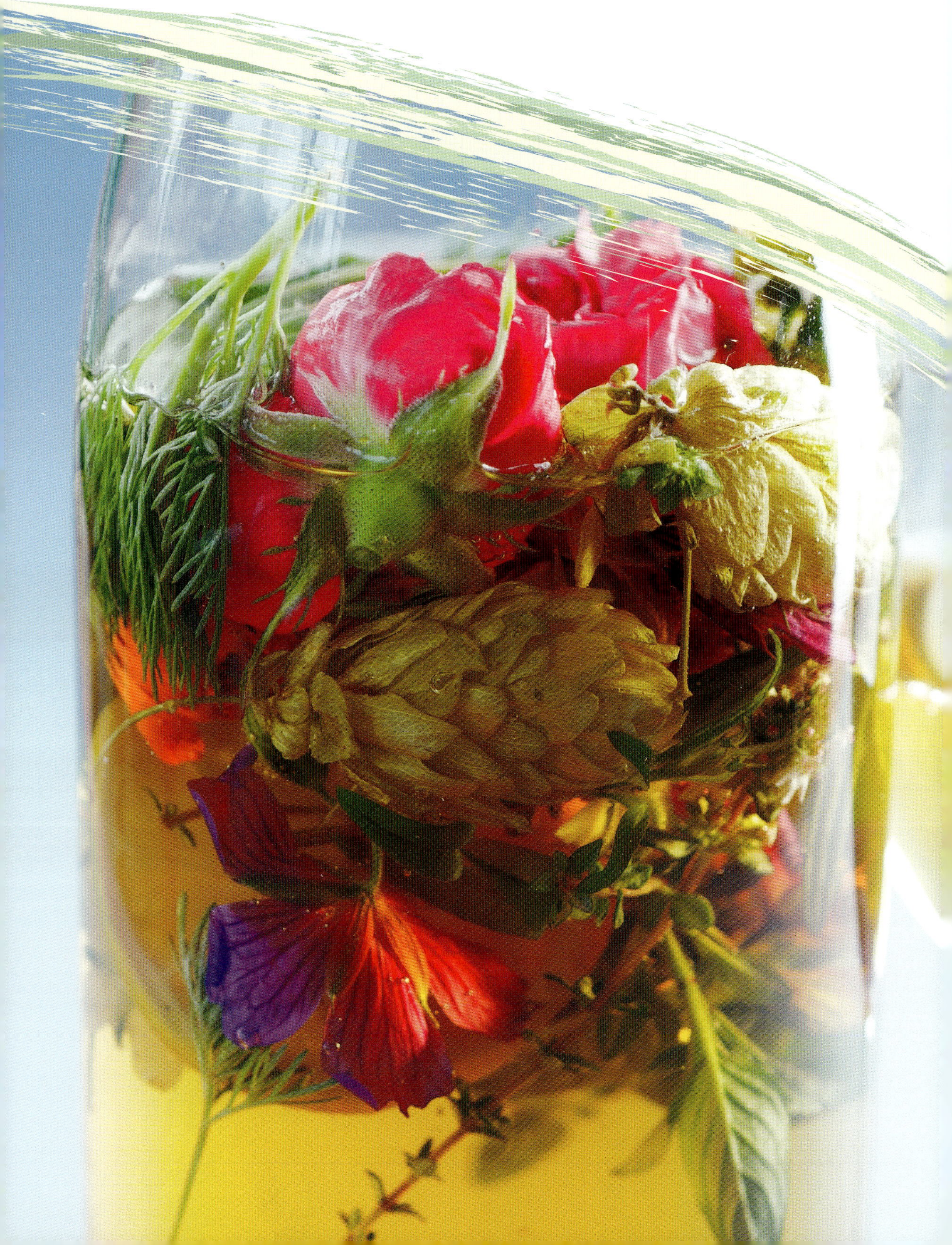

Getränke

Aphrodisiakum

5 frische Hopfendolden
 (-zapfen)
1–2 Duftrosenblüten,
 z. B. «Rose de Resht»
 (Damaszenerrose),
 unbehandelt
½ l Wasser

Hopfen und Rosenblütenblätter mit dem kochenden Wasser übergießen, 10 Minuten ziehen lassen, abseihen.

Wirkung Honig und Hopfen besitzen Inhaltsstoffe, welche die Sexualität stimulieren. Der Hopfen wirkt beim Mann eher dämpfend, bei der Frau, weil östrogenhaltig, eher anregend. Die Rose unterstützt die seelischen Qualitäten bei beiden Geschlechtern.
Für die seelische und geistige Unterstützung ½ Teelöffel Linden- oder Akazienblütenhonig in ein schönes Glas geben und mit dem Hopfen-Rosenwasser auffüllen. Bei leiser Musik genießen und den Liebsten oder die Liebste in die Gedanken einschließen.

Hinweis Eine Überdosierung des Hopfens kann zu Schläfrigkeit und zu Menstruationsstörungen führen.

Hopfenklar

6 EL sehr frische Hopfendolden (-zapfen)
½ l 40%iger Alkohol, z. B. Wodka

3–5 getrocknete Hopfendolden (-zapfen) für die Garnitur

1. Hopfendolden in eine genügend große Flasche füllen, mit dem Wodka auffüllen. Die Flasche verschließen.
2. Hopfenklar 30 Tage an einem warmen Ort in der Küche stehen lassen. Täglich einmal sanft bewegen. Abseihen.
3. Den Hopfenklar in eine schöne Flasche füllen, die getrockneten Dolden für die Garnitur beigeben. Vor dem Genuss 3 bis 5 Monate nachreifen lassen.

Winterlikör nach Hildegard von Bingen

3,3 dl/330 ml dunkles Bier
140 g Rohrohrzucker
1 Stück frische Ingwerwurzel
½ Bio-Orange oder Bio-Zitrone, abgeriebene Schale
¼ Zimtstange
1 Gewürznelke
3 dl/300 ml Cognac

1. Das dunkle Bier in einem Topf langsam erhitzen, Rohrohrzucker und Gewürze zugeben, 10 Minuten köcheln lassen.
2. Den Topf von der Wärmequelle nehmen, das Getränk abkühlen lassen, Cognac zugeben. Abseihen. Likör in eine Glasflasche mit Bügel- oder Schraubverschluss füllen.
3. Den Likör zum Nachreifen mindestens 3 Monate im kühlen Keller stehen lassen.

Servieren Likör zimmerwarm genießen.

Wirkung Stärkt im Winter die Widerstandskräfte.

Likör

100 g frisch geerntete Hopfendolden (-zapfen), ⅓ des Glasinhalts
1 Vanilleschote, aufgeschnitten
1 Bio-Zitrone, Zesten
200 g heller Kandiszucker
1 l 40%iger Alkohol, z. B. Wodka

1 Hopfendolden, Vanille, Zitronenzesten und Kandiszucker lagenweise in ein Einmachglas von 1½ Liter Inhalt füllen, mit dem Alkohol auffüllen.
2 Den Likör 4 Wochen ziehen lassen, die Flasche täglich sanft bewegen. Abseihen.
3 Den Likör ½ bis 1 Jahr, je länger, desto besser, im kühlen Keller nachreifen lassen.

Wirkung Der feine Likör weckt nach einem langen Winterspaziergang die Erinnerung an goldene Herbsttage.

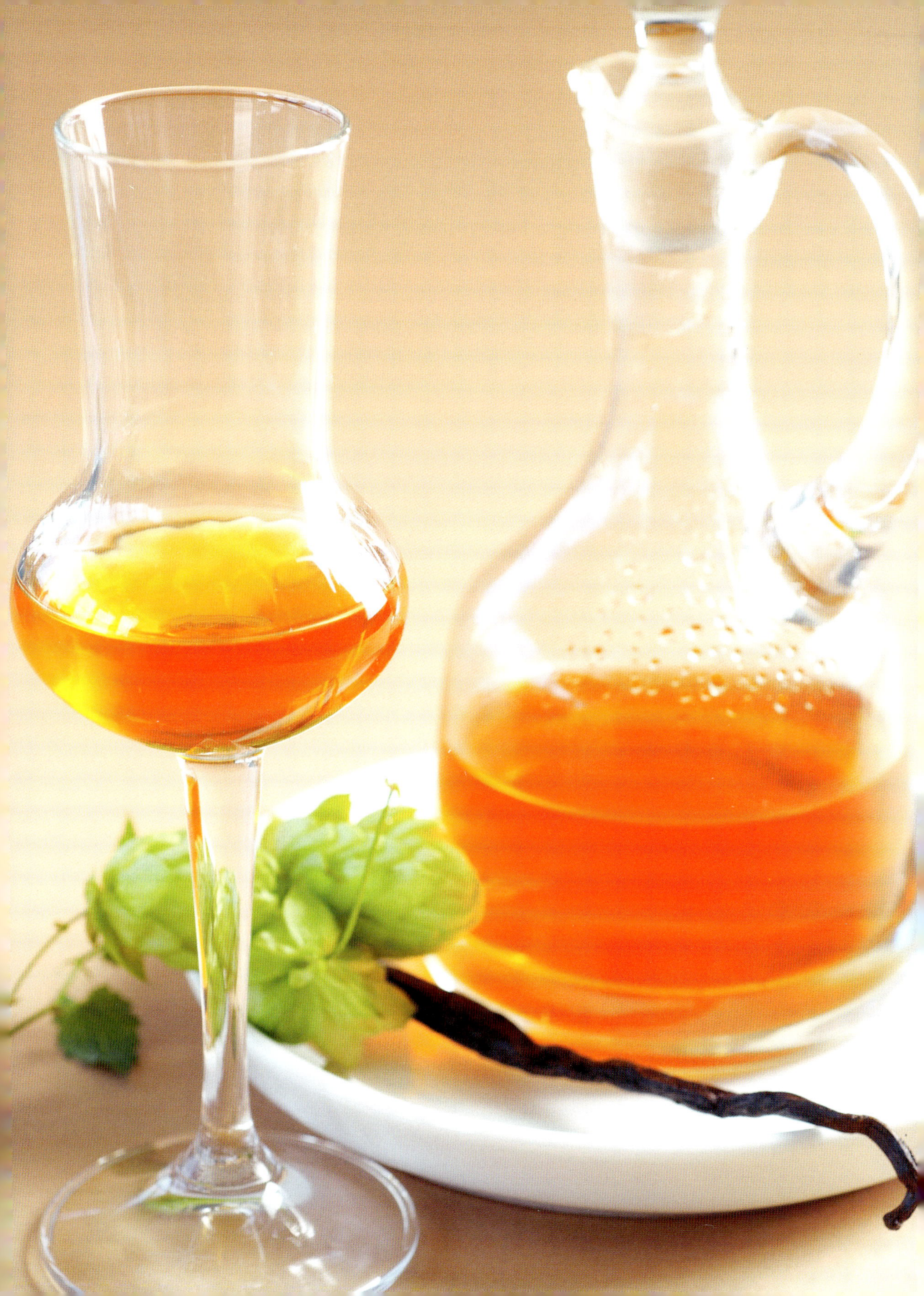

Hopfen-Hibiskus-Sirup

2 l Wasser
8 EL getrocknete Hopfendolden (-zapfen)
2 EL getrocknete Hibiskusblüten
1 kg Zucker
20 g Zitronensäure

1 Hopfendolden und Hibiskusblüten in ein großes Gefäß geben, Wasser aufkochen und darübergießen. Zucker und Zitronensäure zugeben, den Zucker unter Rühren auflösen.
2 Den Sirup über Nacht oder einen Tag lang zugedeckt stehen lassen.
3 Sirup abseihen, nochmals erhitzen, in vorgewärmte Glasflaschen mit Bügel- oder Schraubverschluss füllen.

Lagerung/Lagerdauer Den Sirup kühl und dunkel lagern. Er ist bis zur nächsten Hopfenernte haltbar.

Genießen Der Sirup ist, mit Wasser verdünnt, an heißen Sommertagen ein idealer Durstlöscher. Er eignet sich auch zum leichten Süßen eines Hopfenschlaftees für Kinder.

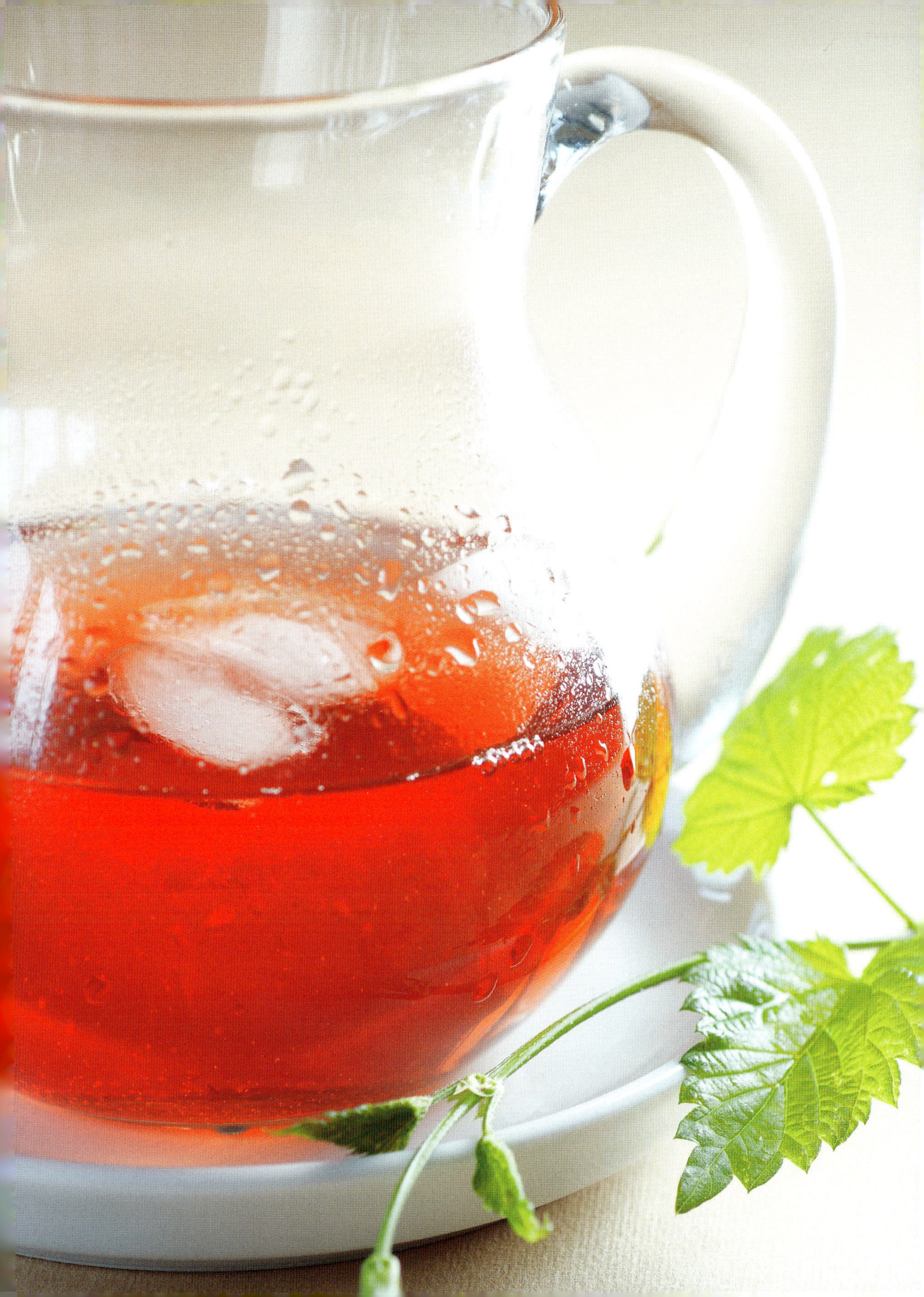

Apfelsaftlimonade

1 l klarer Bio-Apfelsaft
½ l Mineralwasser
1 feine Scheibe Bio-Zitrone

Kräuter für den Auszug
Hopfendolden (-zapfen), Minze, Salbei, Thymian, Zitronenmelisse, Fenchelkraut, Rosmarin, Estragon

Blüten für den Auszug
Rotklee, Holunder, Duftrose (ungespritzt), Gänseblümchen, Ringelblume, Storchenschnabel, Kamille, Löwenzahn

1 Eine bunte Kräuter-/Blütenmischung zusammenstellen, auf Insekten kontrollieren, in eine schöne Glasflasche füllen. Zitronenscheibe beigeben. Flasche zu zwei Drittel mit dem Apfelsaft füllen. Verschließen.
2 Apfelsaft bei Zimmertemperatur 1 bis 2 Tage ziehen lassen. Abseihen.
3 Die Flasche mit dem Mineralwasser auffüllen. Kühl stellen.

Tipp Die Limonade schmeckt Groß und Klein und hat je nach Zusammenstellung ein anderes Aroma.

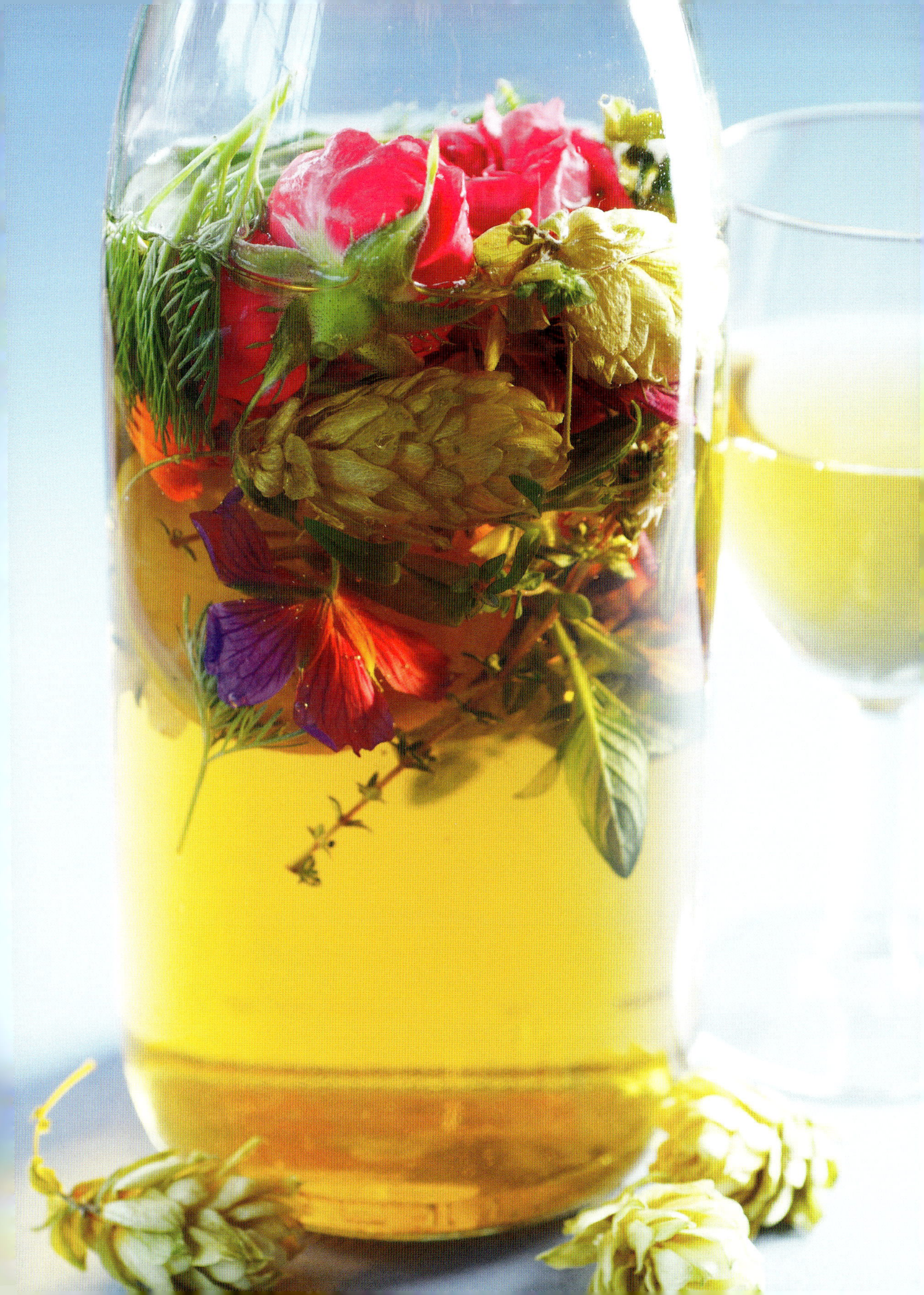

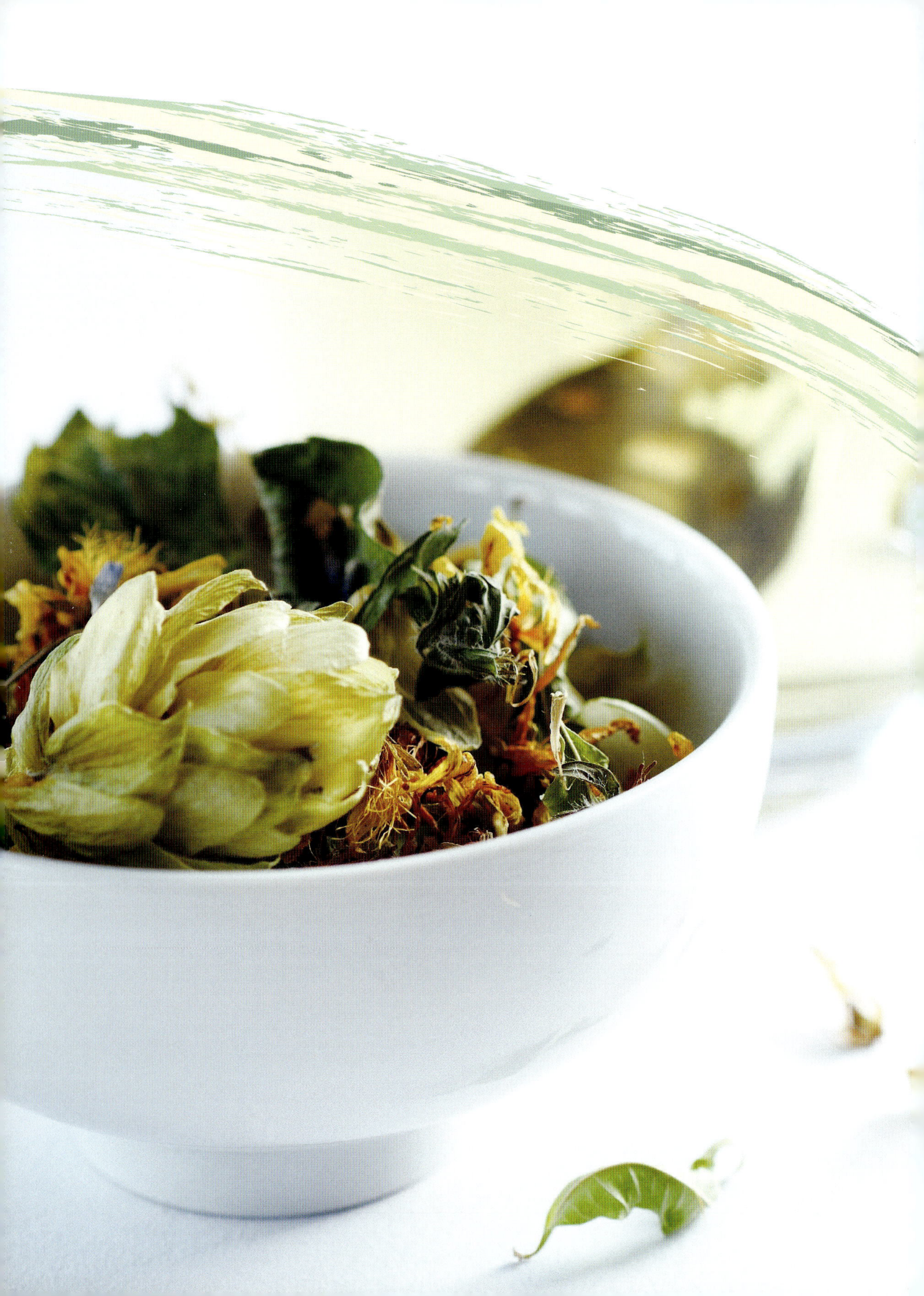

Wellness und Gesundheit

Hopfenseife

für 3 Seifenkugeln

6–8 EL Hopfentee, Seite 95
3–4 dl/300–400 ml Wasser
250 g Seifenflocken (Reformhaus/ Bioladen)
4 EL getrocknete Hopfendolden (-zapfen), pulverisiert
3 TL Hopfen-, Mandel- oder Babyöl
15 Tropfen ätherisches Melissen- oder Zitronenöl

1 Hopfentee mit kochendem Wasser übergießen, 10 Minuten stehen lassen, abseihen.
2 Seifenflocken in eine Schüssel geben. Restliche Zutaten zugeben, zu einer knetbaren, kompakten Masse verarbeiten.
3 Aus der Seifenmasse 3 Kugeln formen. Seifenkugeln an einem warmen Ort trocknen lassen. Vor Gebrauch 6 Monate an einem kühlen Ort lagern.

Dekorationsvorschlag Gleich nach dem Formen die Kugeln mit einer dicken Stricknadel durchstoßen, Kordel einfügen, das Loch zukneten. Die Seifenkugeln gut trocknen lassen. Fertig ist das runde Hopfengeschenk!

Abbildung

Gesichtswasser

4 dl/400 ml Aufguss aus frischen oder getrockneten Holunderblüten
1 dl/100 ml Aufguss aus getrockneten Hopfendolden (-zapfen)
1 dl/100 ml Rosenwasser aus frischen Bio-Rosenknospen oder Rosenwasser aus der Apotheke, der Drogerie oder dem Bio-Supermarkt

Erkalteten Holunderblüten- und Hopfenaufguss mit dem Rosenwasser mischen.

Tipp Für ein klares Gesichtswasser die Flüssigkeit durch ein Kaffeefilterpapier abseihen. Man erhält so ein dunkelgelb leuchtendes Wasser.

Anwendung Das Gesichtswasser fördert die Durchblutung und ist zudem entzündungshemmend. Es ist ideal für eine unreine, empfindliche Haut. Man kann es auch in eine kleine Sprayflasche füllen und an heißen Tagen zur Erfrischung der Haut verwenden.

Haltbarkeit Weil das Gesichtswasser keine Konservierungsstoffe enthält, muss es innerhalb von 2 Wochen (im Kühlschrank aufbewahren) aufgebraucht werden. Länger haltbar ist das Wasser, wenn man es mit ½ dl/50 ml 70%igem Alkohol mischt.

Abbildung

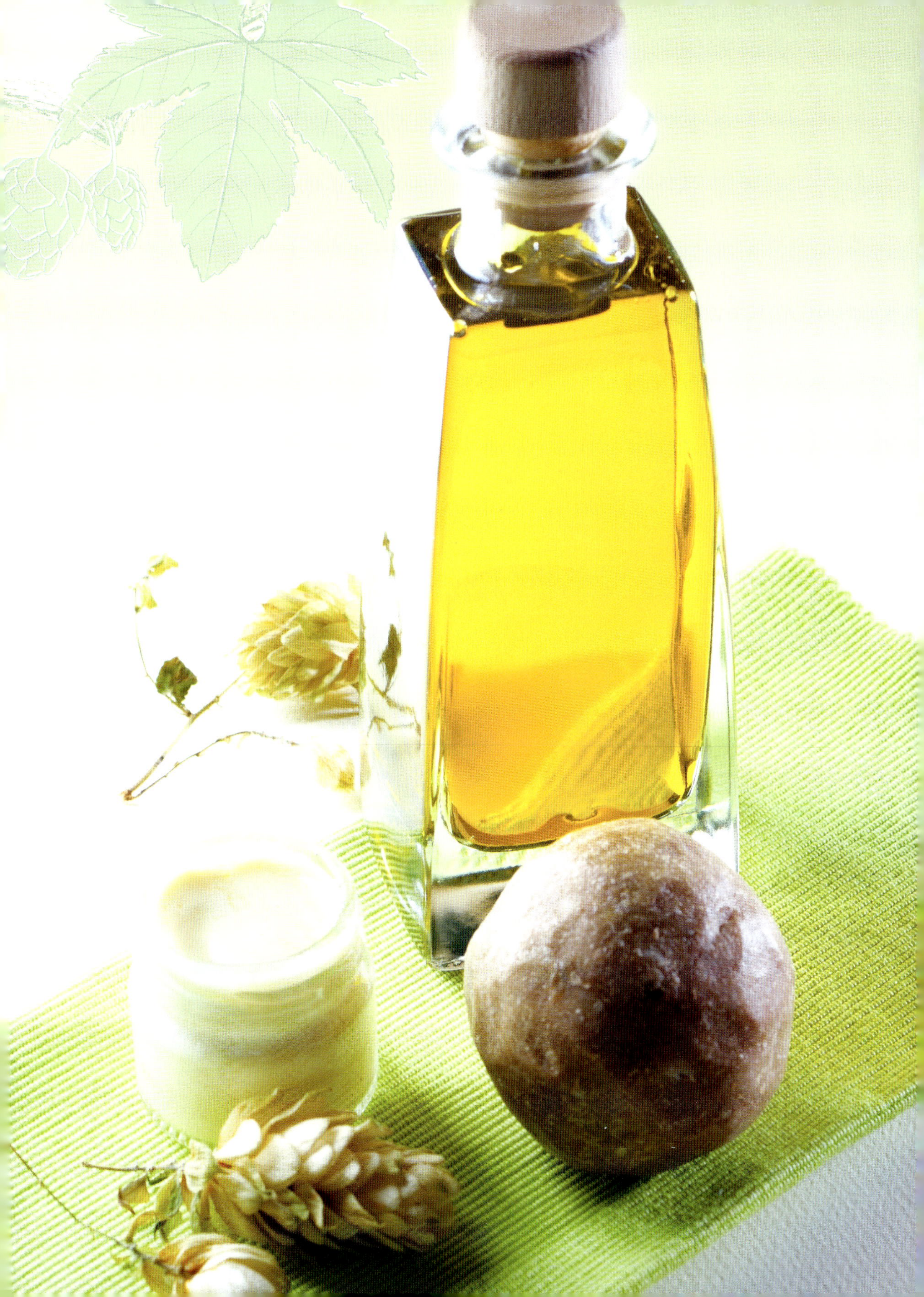

Schlafkissen

3 Teile getrocknete Hopfendolden (-zapfen)
1 Teil getrocknete Rosenblütenblätter einer Damaszener- oder einer anderen Duftrose
1 Teil getrocknete Kamillenblüten
wenig getrocknete Lavendelblüten

Hopfendolden und alle Blütenblätter auf ein Wollvlies verteilen, mit einer Wollauflage zudecken. In eine kleine Baumwollhülle legen, mit einem schönen Band zubinden.

Verwendung Das Kräuterkissen beruhigt und entspannt. Wenn der Duft nachlässt, muss die Kräutermischung erneuert werden.

Hopfentinktur

5 EL möglichst frische Hopfendolden (-zapfen)
½ l 40%iger Alkohol

1 Hopfendolden auf Insekten/Ungeziefer kontrollieren, in eine geeignete Flasche/ein geeignetes Glas mit Deckel füllen, mit dem Alkohol auffüllen. Verschließen.
2 Hopfentinktur 14 Tage an einem warmen Ort stehen lassen. Täglich «besuchen» und sanft bewegen.
3 Die fertige Tinktur abseihen, in Fläschchen füllen.

Verwendung Die Hopfentinktur beruhigt die Nerven. Sie regt bei Rekonvaleszenz und Appetitmangel den Appetit und als mildes Bittermittel die Verdauungssäfte an.

Dosierung 3-mal täglich 15–20 Tropfen in wenig Wasser gelöst jeweils 30 Minuten vor der Mahlzeit einnehmen, ein paar Sekunden im Gaumen bewegen. So können die Verdauungssäfte schon im Gaumen angeregt werden.

Hopfengesichtscreme

Hopfentee
3 EL getrocknete Hopfendolden (-zapfen)
2 dl/200 ml Wasser

Creme
9 g Kokosnussfett (Reformhaus/Drogerie)
9 g Bienenwachs (Reformhaus/Drogerie)
120 g Jojobaöl (Drogerie)
1 dl/100 ml Hopfentee
15–20 Tropfen ätherisches Öl, z. B. Zitrone, Melisse oder Bergamotte

1 Für den Tee die Hopfendolden mit dem kochenden Wasser übergießen, 10 Minuten zugedeckt ziehen lassen, abseihen.

2 Kokosnussfett in einem Glasgefäß von mindestens 3 dl/300 ml Inhalt im Wasserbad schmelzen. Bienenwachs zugeben und schmelzen lassen. Jojobaöl unterrühren. Den noch warmen Hopfentee zugeben – er sollte die gleiche Temperatur wie das Öl haben –, mit einem Salbenrührstab oder dem Stabmixer kalt rühren. Ätherisches Öl unterrühren, solange die Creme noch nicht fest ist.

3 Kleine Döschen mit 40 %igem Alkohol (wichtig für die Haltbarkeit) reinigen, mit der Gesichtscreme füllen. Die Döschen mit Haushaltpapier zudecken, 1 bis 2 Stunden stehen lassen, erst danach den Deckel auflegen. So kann verhindert werden, dass sich Kondenswasser bildet, das sich am Deckel ablagert und dann in die Salbe tropft. Die Gesichtscreme ist im Kühlschrank 3 bis 4 Monate haltbar.

Verwendung Die Creme strafft und pflegt die reife Haut.

Variante Für eine leicht farbgebende und noch gehaltvollere Gesichtscreme der fertigen Creme ein paar Tropfen Sanddornfruchtfleischöl beigeben.

Wichtig Weil keine synthetischen Konservierungsstoffe verwendet werden, sind eine saubere Arbeitsweise und die Lagerung im Kühlschrank zwingend.

Abbildung Seite 93

Tee für die Wechseljahre

100 g getrocknete Frauenmantelblätter (Frauenheilpflanze)
50 g getrocknete Hopfendolden (-zapfen) (beruhigen)
50 g getrocknete Salbeiblätter (regulieren die Schweißproduktion)
50 g getrocknete Baumnuss-/Walnussblätter (reinigen die Lymphe und helfen Schwermetalle binden)
50 g getrockneter Weißdorn (stärken das Herz)
30 g getrocknete Lavendelblüten (beruhigen)
30 g getrocknete Rosenblütenblätter (positive Wirkung auf der seelischen Ebene)
50 g getrocknetes Johanniskraut (positive Wirkung auf der seelischen Ebene)

1 Die getrockneten Blüten und Kräuter in einer großen Schale mischen. Teemischung in gut schließenden Vorratsgläsern aufbewahren.
2 2 EL Teemischung mit 2 dl/200 ml kochendem Wasser übergießen, 8 Minuten zugedeckt ziehen lassen. Abseihen. Nach Belieben mit wenig Honig süßen.

Dosierung Täglich 2 bis 4 Tassen Tee vor der Mahlzeit trinken. Die Teekur nach 3 Monaten unterbrechen und bei Bedarf nach 2 Monaten wiederholen.

Tee für einen guten, tiefen Schlaf

2 Teile getrocknete Hopfendolden (-zapfen)
1 Teil getrocknete Ringelblumenblüten
1 Teil getrocknete Zitronenmelisseblätter und/oder Zitronenverbene
1 Teil getrocknete Johanniskrautblüten
1 Teil getrocknete Lavendelblüten

1 Alle Kräuter und Blüten mischen.
2 2 TL Teemischung mit 2 dl/200 ml kochendem Wasser übergießen. 7 Minuten zugedeckt ziehen lassen, sieben. Nach Belieben mit wenig Honig oder Hopfensirup süßen. 30 Minuten vor dem Zubettgehen trinken.

Abbildung

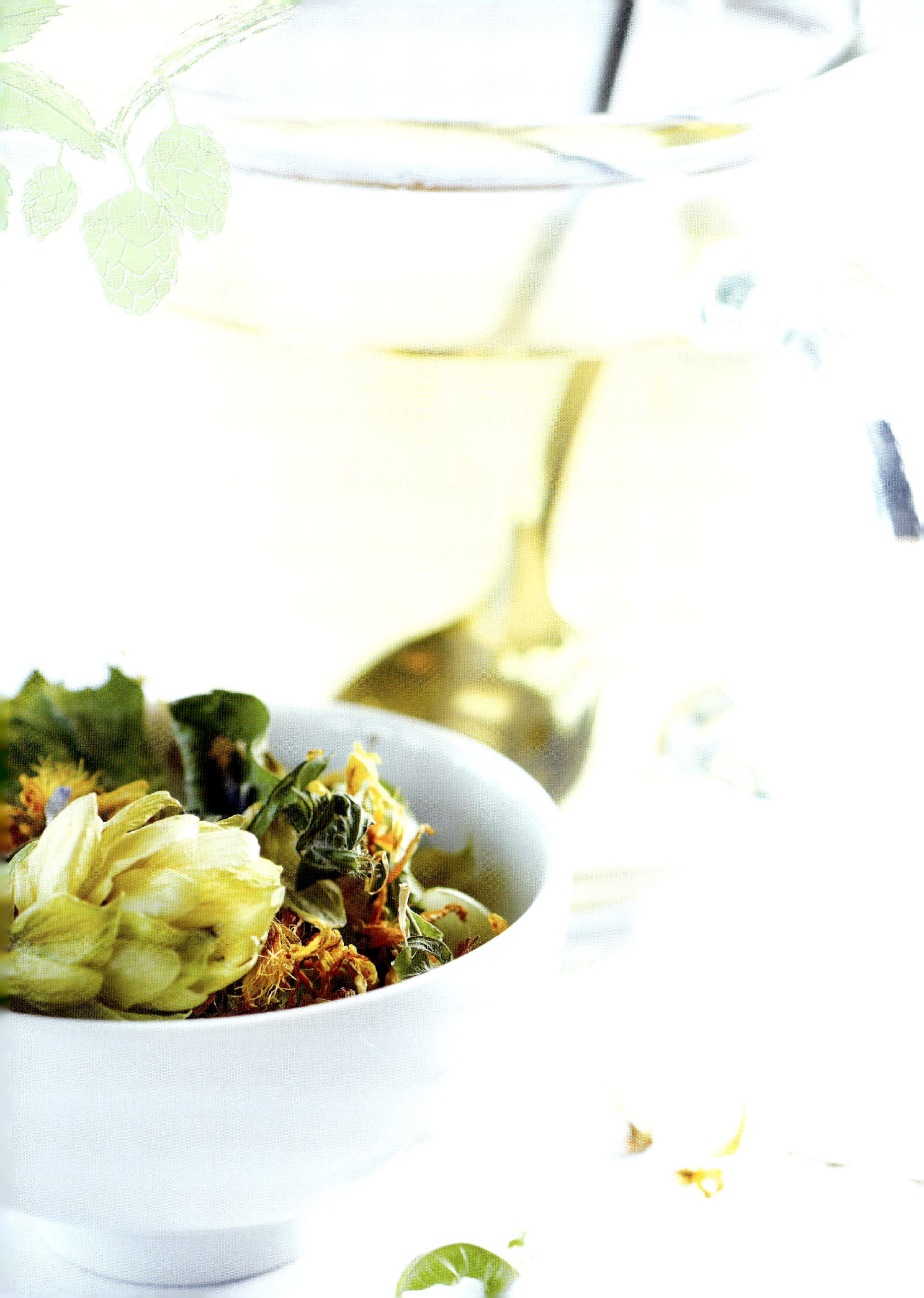

Hopfenbad zum Entspannen

5–10 Handvoll getrocknete Hopfendolden (-zapfen)
2–3 l Wasser

Hopfendolden mit dem kochenden Wasser übergießen, zugedeckt 20 Minuten ziehen lassen.

Anwendung Den Absud dem Badewasser beigeben. Wer gerne ein duftendes Bad hat, mischt 5 bis 7 Tropfen ätherisches Lavendel-, Melissen- oder Rosenöl mit wenig Rahm/Sahne und gibt dies zusätzlich zum Badewasser. Badedauer: 20 Minuten. Nach dem Bad im warmen Bett mindestens 30 Minuten ruhen.

Entspannung Wer den ganzen Tag unter «Strom» steht, der hat oft Mühe, sich zu entspannen. Für die allgemeine Entspannung hilft ein abendlicher Spaziergang. Man kann dabei den Tag in Ruhe Revue passieren lassen und ablegen. Auch Meditations- und Atemübungen helfen, wieder ins Gleichgewicht zu kommen und den Parasympathikus zu beruhigen. Auch Bäder, Fuß- und Körpermassagen können die gewünschte Entspannung bringen. Mit einem Kräuterkissen oder einem wohlriechenden Aromaöl in der Duftlampe der Lieblingsmusik lauschen, kann unseren Körper und unsere Seele ebenfalls entspannen und beruhigen.

Hopfenmilch für einen gesunden Schlaf

2 TL Hopfendolden (-zapfen)
2 dl/200 ml Milch

Hopfendolden mit der Milch erhitzen, zugedeckt 7 Minuten ziehen lassen, abseihen. Hopfenmilch mit wenig Honig süßen.

Zum Rezept Eine herrlich aromatisierte Milch, die uns ins Reich der Träume bringt.

Tee bei nervösen Magenbeschwerden

1 TL Hopfendolden (-zapfen)
1 TL Kümmel-, Anis- oder Fenchelsamen, angemörsert

Teemischung mit 2 dl/200 ml kochendem Wasser übergießen, 7 Minuten zugedeckt ziehen lassen. Abseihen.

Dosierung 3-mal täglich eine Tassse vor den Mahlzeiten lauwarm trinken.

Hopfenfeste und Bezugsquellen

Die folgende Liste bietet nur eine Auswahl und erhebt keinen Anspruch auf Vollständigkeit. Genaue Veranstaltungstermine, Öffnungszeiten und Eintrittspreise bitte direkt erfragen.

Belgien – Westflandern

Nationales Hopfenmuseum
Gasthuisstraat 71
B-8970 Poperinge
Tel. +32 (0) 57 / 33 79 22
hopmuseum@poperinge.be
www.hopmuseum.be

Hopfenfest in Poperinge
Fremdenverkehrsbüro
Grote Markt 1
B-8970 Poperinge
Tel. +32 (0) 57 / 34 66 76
info@poperinge.be
www.poperinge.be
Alle drei Jahre (2011) am dritten Septemberwochenende

Deutschland

Hopfenerlebnishof
Fam. Herbert Dick
Auf der Hütte 2
D-54668 Holsthum
Tel. +49 (0) 65 23 / 464
dick.hopfen@t-online.de

Hopfenland Hallertau
www.hopfenland-hallertau.de
www.hallertauer-hopfenspargel.de
Deutsche Hopfenstraße
Hallertauer Hopfenwochen:
Mitte August bis Mitte Sept.
Hallertauer Hopfenspargelwochen:
Ende März bis Ende April

Hallertauer Hopfen- und Heimatmuseum
Im Aufeld 14
D-85290 Geisenfeld
Tel. +49 (0) 84 52 / 21 43
info@heimatmuseum-geisenfeld.de
www.heimatmuseum-geisenfeld.de

Deutsches Hopfenmuseum
Elsenheimer Str. 2
D-85283 Wolnzach
Tel. +49 (0) 84 42 / 75 74
info@hopfenmuseum.de
www.hopfenmuseum.de
Veranstaltungen, Seminare, Museumsshop

Mainburger Hopfenfest
D-84048 Mainburg
www.mainburg.de
Jährliches Volksfest Anfang / Mitte Juli

Auer Hopfenfest
D-84072 Au i. d. Hallertau
www.markt-au.de
Jährlich am letzten Juliwochenende

Wolnzacher Hopfenfest
D-85283 Wolnzach
www.wolnzach.de
Jährliches Volksfest im August mit Wahl der Hallertauer Hopfenkönigin

Hopfenzupferfest
Hopfenerlebnishof
Schulstr. 9
D-93336 Tettenwang
Tel. +49 (0) 94 46 / 12 85
info@MichaelForster.de
www.hopfenerlebnishof.de
Jährlich am 3. Wochenende im August
Führungen, Hopfenshop und Hopfenlehrpfad

Siegenburger Bürgerfest mit «Deutscher Hopfenzupfermeisterschaft»
D-93354 Siegenburg
www.siegenburg.de
Jährlich Mitte August
(um den 15. August)

Tourismusverband Hallertau
Geschäftsstelle Wolnzach
Elsenheimer Str. 2
D-85283 Wolnzach
Tel. +49 (0) 84 42 / 95 76 30
info@tourismusverband-hallertau.de
www.tourismusverband-hallertau.de

Unter der Rubrik: Spezialitäten findet sich hier von der Keramik über den Tee bis zum Likör eine Vielfalt von Artikeln rund um den Hopfen

Tettnanger Hopfen
www.tettnanger-hopfen.de
Hopfenpflanzerverband
Tettnang e.V.
Kaltenberger Str. 5
D-88069 Tettnang
Tel. +49 (0) 75 42 / 5 21 36
tt-hops@tettnanger-hopfen.de
www.tettnang.de
Alle zwei Jahre (2009) werden die Tettnanger Hopfenhoheiten (Hopfenkönigin und zwei Prinzessinnen) gewählt.
Ball der Hopfenkönigin, Masken in der Fasnet: Hopfennarr und Hopfensau
Hopfenpfad und Hopfenwandertag

HopfenMuseum Tettnang
Hopfengut 20
D-88069 Tettnang - Siggenweiler
Tel. +49 (0) 75 42 / 95 22 06
info@hopfenmuseum-tettnang.de
www.hopfenmuseum-tettnang.de
Museumsshop mit Hopfenprodukten
www.hopfenexpress.de

Tettnanger Hopfenfest
D-88069 Tettnang
Tel. +49 (0) 75 42 / 5 21 36
tt-hops@tettnanger-hopfen.de
www.tettnang.de
www.tettnanger-hopfen.de
Jährlich im August

Hopfen & Biermuseum
Im historischen Kornhaus am Gabrieliplatz
Spalter Hopfenfest
Jährlich am ersten Septemberwochenende, alle drei Jahre (2010) Wahl der Hopfenkönigin
Tourist-Information
Herrengasse 10
D-91174 Spalt
Tel. +49 (0) 91 75 / 79 65-0
touristik@spalt.de
www.spalt.de

Fränkische Hopfenscheune
Kersbacher Str. 18
D-91233 Neunkirchen-Speikern
Tel. +49 (0) 91 23 / 7 56 40
gemeinde.neunkirchen@neunkirchen-am-sand.de
www.neunkirchen-am-sand.de

Speikerner Hopfenfest beim «Simmersbauern»
jährlich Mitte September
www.hgvn.de

Bezugsquellen
Am besten können Sie Hopfensprossen und andere Hopfenprodukte vor Ort direkt bei den Erzeugern einkaufen (siehe gesamte Liste). Oder bei den folgenden Versendern:

Konrad Bogenrieder
Hopfensprossen (Hopfenspargel)
Heinrichstraße 2
D-84048 Mainburg/Ebrantshausen
Tel. +49 (0) 87 51 – 99 19
stephan_bogenrieder@hotmail.com
www.hopfensprossen.de

Im Hopfengarten
Martina Weishaupt
Kalchenstrasse 16
D-88069 Tettnang
Tel. +49 (0) 75 42 / 93 92 26
www.im-hopfengarten.com
mail@im-hopfengarten.com

Weitere Nützliche Adressen
Verband Deutscher Hopfenpflanzerverband e.V.
Kellerstrasse 1
D-85283 Wolnzach
Tel. +49 (0) 84 42 / 95 72 00
info@deutscher-hopfen.de
www.deutscher-hopfen.de

HVG Hopfenverwertungsgenossenschaft e.G.
Kellerstrasse 1
D-85283 Wolnzach
Te. +49 (0) 84 42 / 95 71 00
contact@hvg-germany.de
www.hvg-germany.de

Frankreich / Elsass

Hopfenweg in Wingersheim
Mairie
1, Place du Général de Gaulle
F-67170 Wingersheim
Tel. +33 (0) 3 88 / 51 26 35
www.wingersheim.net

Hopfenfest – La Fête du houblon
Office de Tourisme
Place de la Gare
F-67500 Haguenau
Tel. +33 (0) 3 88 / 93 70 00
tourisme@ville-haguenau.fr

www.tourisme-haguenau.eu
Trachten-/Volksfest jährlich
Mitte August

Cophoudal
Vereinigung der Hopfenpflanzer
im Elsass
22, rue des Roses
F-67173 Brumath Cedex
www.cophoudal.fr

Österreich

Mühlviertler Hopfen
Hopfenbaugenossenschaft reg.
Gen. m. b. H.
Linzerstr. 5
A-4120 Neufelden
Tel. +43 (0) 72 82 / 63 55
hopfenbau@direkt.at
www.hopfenbau.at

Weberkultur & Hopfenland
Hansbergland Nr. 9
A-4172 St. Johann am Wimberg
Tel. +43 (0) 72 17 / 20 605
info@hansbergland.at
www.hansbergland.at

**Hopfen & Weinlesefest
in Leutschach**
Tourismusverband
Hauptplatz 2
A-8463 Leutschach
Tel. +43 (0) 34 54 / 70 70 10
info@rebenland.at
www.rebenland.at
Jährlich am letzten September-
wochenende mit Wahl der
Steirischen Hopfenkönigin
www.steirische-hopfenkoenigin.at
Hopfenwanderungen

Schweiz

Regina und Erwin Ackermann
Schlatthof
CH-4628 Wolfwil
Tel.: +41 (0)62 926 36 44
info@schlatthof.ch
www.schlatthof.ch
Bio-Hopfenpellets und Häxli Bier

Hauenstein AG
Baumschulen und Garten-Center
Landstrasse 42
CH-8197 Rafz
Tel.: +41 (0)44 879 11 22
info@hauenstein-rafz.ch
www.hauenstein-rafz.ch
Drei verschiedene Sorten
Hopfensetzlinge

**Brigitte und Markus
Reutimann**
Kollbrunn
CH-8476 Unterstammheim
Tel.: +41 (0)52 745 27 19
reutimann@hopfentropfen.ch
www.hopfentropfen.ch
Hopfenprossen, Hopfenkäse,
Hopfennudeln, Hopfenklar,
Hopfentropfen, Hopfenessig,
Hopfentee, Setzlinge, Hopfen-
kräuter-Sirup, Hopfen-
Kosmetika, Bier, Hopfensetzlinge
Hopfenlehrpfad
Das Fest findet alle drei Jahre
statt, nächster Termin:
August 2010

Kartause Ittingen
CH-8532 Warth TG
Tel.: +41 (0)52 748 44 11
info@kartause.ch
www.kartause.ch
Hopfentee, Entspannungskissen,
Ittinger Klosterbräu
Hopfenlehrpfad

Hotel Hof Weissbad
Im Park
CH-9057 Weissbad
Tel.: +41 (0)52 745 27 19
hotel@hofweissbad.ch
www.hofweissbad.ch
Wellness-Angebot mit Hopfen-
produkten

Tschechien

Hopfenmuseum
Nám. Prokopa Velkého
CZ-438 01 Žatec
Tel. +420 (0) 724 / 43 14 22
muzeum@chmelarstvi.cz
www.muzeum.chmelarstvi.cz
Das größte seiner Art in Europa.

Hopfenfest in Saaz
CZ-438 01 Žatec
Tel. +420 (0) 415 / 71 05 19
info@zatec-portal.eu
www.docesna.cz
www.zatec-portal.eu
Jährlich Anfang September

Literaturverzeichnis

Barth, Heinrich J., u. a.
Der große Hopfenatlas
Geschichte und Geographie einer Kulturpflanze
Nürnberg: Hans Carl Fachverlag 1994

Biendl, Dr. Martin und Prinzl, Dr. Christoph
Arzneipflanze Hopfen
Anwendungen, Wirkungen, Geschichte Wolnzach: Deutsches Hopfenmuseum 2007

Boksch, Manfred
Das praktische Buch der Heilpflanzen
Kennzeichen, Heilwirkung, Anwendung, Brauchtum
München: blv Verlag 2003

Brooke, Elisabeth
Von Salbei Klee und Löwenzahn Freiburg im Br.: Bauer Verlag 1997

Bühring, Ursel
Praxis-Lehrbuch der modernen Heilpflanzenkunde
Grundlagen – Anwendung – Therapie
Stuttgart: Sonntag Verlag 2005

Bühring, Ursel, u. a.
Heilpflanzen in der Kinderheilkunde
Das Praxis-Lehrbuch
Stuttgart: Sonntag Verlag 2007

Fischer-Rizzi, Susanne
Botschaft an den Himmel
Anwendung, Wirkung und Geschichten von duftendem Räucherwerk
Aarau: AT Verlag 1996

Holtermann, Dirk und Klemme, Brigitte
Un-Kräuter zum Genießen
Noch mehr Delikatessen am Wegesrand Dresden: Mädler Edition Rau 2003

Kaden, Marion
Mehr als nur Bierwürze
In: Zeitschrift «natürlich», Oktober 2005, S. 50-55

Kalbermatten, Dr. Roger
Wesen und Signatur der Heilpflanzen – Die Gestalt als Schlüssel zur Heilkraft der Pflanzen
Aarau: AT Verlag 2002

Madejsky, Margret
Alchemilla
Eine ganzheitliche Kräuterkunde für Frauen München: Goldmann Verlag 2000

Madejsky, Margret und Rippe, Olaf
Die Kräuterkunde des Paracelsus
Therapie mit Heilpflanzen nach abendländischer Tradition
Aarau: AT Verlag 2006

Müller, Ingeborg
Der Hopfen
Seine medizinische Bedeutung von der Antike bis heute
Berlin: Pro BUSINESS Verlag 2006

Pahlow, Mannfried (Apotheker)
Heilpflanzen
Hamburg: Moevig-Verlag 2002

Saum, Pater Kilian, u. a.
Handbuch der Klosterheilkunde
München: Zabert Sandmann Verlag 2004

Stadelmann, Ingeborg
Die Hebammensprechstunde
Wiggensbach: Stadelmann-Verlag 1994 und 2005

Vonarburg, Bruno
Natürlich gesund mit Heilpflanzen
Aarau: AT Verlag 2001

Weed, Susun S.
Naturheilkunde für schwangere Frauen und Säuglinge
Berlin: Orlanda Verlag 1989

Register

A
Abstillen 28
Anaphrodisiakum 23
Anbau 12
Angst 23
Anissamen 99
Aperitifgebäck 41
Apfel 72
Apfelsaftlimonade 88
Aphrodisiakum 82
Appetitlosigkeit 23, 24
Asthma 23
Avocado 40

B
Bärlauchblätter 48
Bärlauchknospen 52
Basilikum 38
Baumnuss 38, 42, 48
Baumnussblätter 96
Beruhigungsmittel 22, 24, 27
Bier 36, 83
Bierbrauerei 12, 20
Bierhexe 12
Bitterkeit 13
Bitterstoffe 24
Blasenleiden 23
Bock, Hieronymus 13
Brötchen 42
Butter, Hopfen- 72

C
Chutney 72
Cognac 83
Cottage Cheese 38
Creme 66

D
Darmleiden 13, 24
Deutschland 12
Durchfall 23

E
Eiscreme 58
Entspannung 27, 98
Ernte 19
Erschöpfung 23
Estragon 88

F
Fenchelkraut 88
Fenchelsamen 99
Feuchtigkeit 29
Flavonoide 25
Frauenheilkunde 13, 27
Frauenmantelblätter 96

G
Gänseblume 44, 88
Geburt 13
Gelenkentzündung 23
Gelenkschmerzen 23
Gerbstoffe 24
Gorgonzola 48
Guacamole 40

H
Haselnuss 58
Hausgarten 17, 19
Hautjuckreiz 23
Hibiskusblüte 86
Hildegard von Bingen 12
Holunderblüte 88, 92

Hopfenbad 98
Hopfendolde (-zapfen) 18, 36, 38, 40, 42, 72, 74, 78, 82, 83, 84, 86, 88, 92, 94, 96, 98, 99
Hopfenessig 74, 76
Hopfengelee 78
Hopfengesichtscreme 95
Hopfengesichtswasser 92
Hopfenlikör 58, 60, 62, 64, 66, 68, 83, 84
Hopfenmilch 98
Hopfenöl 74
Hopfenpräparate 26
Hopfensalz 78
Hopfenseife 92
Hopfensirup 86
Hopfensorten 17
Hopfensprossen 12, 18, 44, 48, 78
Hopfentee 95, 96, 99
Hopfentinktur 64, 94
Hopfentriebe 18, 34, 48, 50, 52, 54
Hülsenfrüchtesprossen 52

I
Ingwer 52, 72, 76

J
Johanniskraut 96

K
Kakaopulver 58
Kamillenblüte 88, 94
Kartoffelpüree 54
Kissen, Hopfen- 23, 24, 94
Kloster 12

Kompresse 23
Konservierungsmittel 12, 13
Krankheiten 20
Krebs 26
Kuchen 68
Kümmelsamen 41, 99

L
Lavendelblüte 94, 96
Löwenzahn 44, 52
Löwenzahnblüte 88
Limonade 88
lusthemmend 12

M
Magenleiden 13, 23
Mandel 52, 66
Maulbeergewächs 16
Menstruation 23, 27
Migräne 23
Minze 88
Mohnsamen 41
Mousse 62
Mozzarella 38, 48

N
Nachtkerzenblüte 72
Nervosität 22
Neuralgie 23
Neurodermitis 23
Nierenleiden 23

O
Olive 42, 54
Öl, ätherisches 23, 24
Orange 66

P
Paprikaschote 52
Paracelsus 12
Parfait 60
Parmesan 38
Peperone 52
Pesto 38
Phytoöstrogene 25
Pinienkerne 50
Pistazie 52
Plinius der Ältere 12
Praline 64

R
Rande 44
Reizbarkeit 23
Räucherung 28
Rheuma 23
Ringelblumenblüte 38, 88, 96
Roquefort 48
Rose, Duft- 82, 88, 94, 96
Rosenwasser 92
Rosmarin 88
Rucola 44, 52, 54

S
Salbe 23
Salbeiblätter 88, 96
Sauce, Salat- 76
Sauce, Zitronenrahm- 50
Sbrinz 52
Senf, Hopfen- 76
Speck 42

Sch
Schädlinge 20
Schlaf 13, 22, 23, 24, 27, 99
Schokolade 62, 64, 68
Schokoladenpulver 68
Schwangerschaft 27

St
Storchenschnabelblüte 88

T
Teeaufguss 23
Teigwaren 50, 52
Thymian 88

U
Übererregbarkeit, sexuelle 23
Ungeziefer 29
Unruhe 23

W
Walnuss 38, 42, 48
Walnussblätter 96
Wechseljahre 23, 27, 96
Weißdorn 96
Wodka 83, 84

Z
Zahnschmerzen 13
Zitronenmelisseblätter 88, 96
Zitronenverbene 96
Zucchino 72
Zwetschge 72
Zwiebel 72